"Pode ser que você não coloque um [livro sobre emoções no] topo da sua lista de leitura, mas dado como a vida cotidiana tem estado repleta das nossas emoções e das emoções de nossa família, amigos e inimigos, o tópico é extremamente importante. Este livro o levará a se envolver com as emoções de maneiras boas e frutíferas."

Ed Welch, Docente e Conselheiro, Christian Counseling & Educational Foundation

"Teólogos e filósofos têm, muitas vezes, oferecido conselhos excessivamente simplistas às pessoas sobre as emoções: *Subordine-as ao intelecto! Acolha boas emoções (alegria, paz) e reprima as más (medo, raiva)!* Tais simplificações exageradas não são verdadeiras em relação às Escrituras e ferem aqueles que tem tido dificuldade com situações difíceis. Aqui, Groves e Smith nos ajudam enormemente enquanto desatam as coisas, aliviam a confusão e nos levam a pensar seriamente nessas questões. Somos capazes de ver que, na Escritura toda, a emoção (quer pensemos nela como boa ou má) tem usos certos e errados. Há a ira boa e a ira ruim, o medo bom e o medo ruim. Nela, nos é mostrado como *lidar* com as nossas emoções e como agir (ou não agir) a respeito delas. Os autores têm uma profunda compreensão tanto da Escritura quanto da experiência humana, e colocaram suas ideias em um livro impressionantemente bem escrito, lidando com questões difíceis por meio de metáforas vívidas, ilustrações e histórias. Mais importante ainda, este livro está centrado em Deus. Ele contém até mesmo um apêndice que nos mostra os sentidos nos quais Deus tem e não tem sentimentos. Recomendo-o às pessoas que estão lutando para compreender suas próprias emoções e para ajudar outros a lidarem com elas."

> **John M. Frame,** Professor de Teologia Sistemática e Professor Emérito de Filosofia, Reformed Theological Seminary, Orlando

"Quando se trata de navegar pelas emoções pessoais, Groves e Smith são como guias de rio em uma viagem de rafting. Eles entendem as correntes e o levam para onde você precisa ir. Particularmente útil é o reconhecimento deles da ligação entre o que sentimos e o que valorizamos. Em minha experiência, essa ligação tem sido muitas vezes a chave para desbloquear emoções complexas relativas às pessoas de quem cuido."

> **Jeremy Pierre,** Catedrático, Departamento de Aconselhamento Bíblico e Ministério de Família, The Southern Baptist Theological Seminary; coautor de *O pastor e o aconselhamento*

"Seguindo um sábio rumo intermediário entre exaltar e ignorar nossas emoções, Alasdair Groves e Winston Smith desenvolvem uma compreensão biblicamente rica das emoções como um presente de Deus, um aspecto essencial de sermos portadores de sua imagem. Mas eles não param por aí. Com uma visão prática e exemplos cativantes, os autores demonstram como avaliar e direcionar suas emoções de maneiras que aprofundam o amor por Deus e pelos outros. Se você tiver dúvidas sobre o papel das emoções na vida cristã, ou se às vezes se pergunta o motivo de sentir muito – ou muito pouco – uma determinada emoção, você lucrará imensamente ao ler este livro."

Michael R. Emlet, Membro Docente, Christian Counseling & Educational Foundation; autor de *Crosstalk: Where Life and Scripture Meet* e *Descriptions and Prescriptions*

"Deus nos fez seres emocionais. Nós amamos e odiamos. Alegramo-nos e lamentamos. Experimentamos a culpa e a vergonha. Às vezes, talvez com frequência, temos dificuldade com emoções indesejadas. Groves e Smith trazem sua considerável sabedoria como conselheiros e estudantes da Bíblia para dirigirem-se ao assunto de nossas emoções, ajudando-nos a lidar com elas e a compreendê-las, permitindo, assim, que nos aproximemos de Deus."

Tremper Longman III, Acadêmico Distinto e Professor Emérito, Westmont College

"Tenho atuado como conselheiro há vinte anos e ainda não entendo as emoções. Eu preciso de ajuda para decifrá-las e estou certo de que você também precisa. *Organize suas emoções* é, agora, o guia sobre emoções ao qual recorro. O livro compacta muita coisa em um único volume e, página após página, honra a Cristo."

Deepak Reju, Pastor de Aconselhamento Bíblico e Ministério de Família, Capitol Hill Baptist Church, Washington, DC; coautor de *O pastor e o aconselhamento*

**Alasdair Groves &
Winston T. Smith**

ORGA
NIZE
suas
EMO
CÕES

Dados Internacionais de Catalogação na Publicação (CIP)
Angélica Ilacqua CRB-8/7057

Groves, J. Alasdair
  Organize suas emoções / J. Alasdair Groves & Winston T. Smith. - São José dos Campos, SP : Editora Fiel, 2022.
  304 p.

ISBN 978-65-5723-163-0
Título original: Untangling Emotions

1. Emoções - Aspectos religiosos - Cristianismo 2. Espiritualidade 3. Vida cristã I. Título II. Smith, Winston T.

22-1788   CDD 248.862

Índices para catálogo sistemático:

1. Emoções - Aspectos religiosos

ORGANIZE SUAS EMOÇÕES

Traduzido do original em inglês:
Untangling Emotions

Copyright © 2019
by J. Alasdair Groves and Winston T. Smith

■

Publicado originalmente por Crossway
1300 Crescent Street
Wheaton, Illinois 60187

Os textos das referências bíblicas foram extraídos da versão Almeida Revista e Atualizada (ARA), salvo indicação específica.

Copyright © 2021 Editora Fiel
Primeira edição em português: 2022

Todos os direitos em língua portuguesa reservados por Editora Fiel da Missão Evangélica Literária

PROIBIDA A REPRODUÇÃO DESTE LIVRO POR QUAISQUER MEIOS SEM A PERMISSÃO ESCRITA DOS EDITORES, SALVO EM BREVES CITAÇÕES, COM INDICAÇÃO DA FONTE.

■

Diretor: Tiago Santos
Supervisor Editorial: Vinicius Musselman
Editora: Renata do Espírito Santo
Coordenação Editorial: Gisele Lemes
Tradução: Karina Naves Mendes
Revisão: Bruna Gomes Ribeiro
Diagramação: Rubner Durais
Capa: Rubner Durais

ISBN impresso: 978-65-5723-163-0

Caixa Postal 1601
CEP: 12230-971
São José dos Campos, SP
PABX: (12) 3919-9999
www.editorafiel.com.br

Para minha mãe,
que me ensinou a me importar com o que os outros sentiam
e a saber que Deus se importa com o meu coração:
Você nos liderou com fé, coragem e vulnerabilidade
durante as horas mais sombrias da nossa família.
— J. Alasdair Groves

———————

Para Kim:
Seu deleite juvenil nas coisas mais simples,
seu festejar sobre o bem e suas lágrimas de ira pelo mal,
sua humildade e fidelidade —
por meio dessas e de mil outras formas,
você me mostra o amor de Cristo todos os dias.
— Winston T. Smith

Sumário

Agradecimentos 11

Introdução: Como você se sente em relação a como sente? 15

PARTE 1:
ENTENDENDO AS EMOÇÕES

1. Algumas vezes é bom sentir-se mal 27
2. O que exatamente são as emoções? 35
3. As emoções não vêm em um arquivo único 51
4. As emoções acontecem em seu corpo 67
5. Você se identifica com os outros quando sente com eles .. 87
6. Por que não consigo controlar minhas emoções? 97

PARTE 2:
LIDANDO COM AS EMOÇÕES

7. Duas armadilhas 109
8. Lidar com as emoções: uma opção melhor 121
9. Lidar com as emoções significa envolver Deus 133

10. Lidando com os relacionamentos 147
11. Sobre nutrir emoções saudáveis 165
12. Sobre matar de fome as emoções não saudáveis 189

PARTE 3:
LIDANDO COM AS EMOÇÕES MAIS DIFÍCEIS

13. Lidando com o medo 207
14. Lidando com a ira 231
15. Lidando com o luto 251
16. Lidando com a culpa e a vergonha 271
17. Um museu de lágrimas 287

Apêndice: Será que Deus realmente sente?
A doutrina da impassibilidade 293

Agradecimentos

Quando você escreve um livro, percebe o quanto até mesmo seu pensamento mais criativo foi formado e fertilizado por outras pessoas, a maioria das quais nunca saberá quão grande foi o impacto que exerceram sobre você. Como agradecer a todas as pessoas que lhe ensinaram tudo o que você sabe? No entanto, gostaríamos de aproveitar esta oportunidade para dizer "obrigado" a algumas pessoas que nos ajudaram especialmente a levar este projeto a bom termo.

A Dave Dewit e à equipe editorial da Crossway, obrigado por sua paciência, sua contribuição e, acima de tudo, por seu encorajamento. Agradecemos também aos nossos colegas da Christian Counseling and Educational Foundation (CCEF). O serviço de vocês a essa instituição cria um ambiente muito especial, fora do qual nunca teríamos sido capazes de reunir esses pensamentos. Obrigado especialmente a Jayne Clark, por trabalhar como nossa agente; a David Powlison, por nos dar

12 | ORGANIZE *suas* EMOÇÕES

tempo para trabalhar neste livro; e a todo o corpo docente, por afiar nosso pensamento e nos dar a oportunidade de aprimorar nossas ideias no contexto da conferência nacional da CCEF em 2016. Outros agradecimentos específicos são devidos à equipe da Escola de Aconselhamento Bíblico, que me aguentou (Alasdair) quando o livro me puxou para longe.

Ao pessoal e à diretoria da CCEF New England, um "obrigado" também por abraçar esse projeto e me dar (Alasdair) a liberdade e o apoio para desenvolvê-lo. Eu precisava de ambos mais do que vocês imaginam.

Em nota semelhante, eu (Winston) agradeço à congregação da *St. Anne's Episcopal Church* por me acolher em sua família e me convidar a dar meus primeiros passos como pároco aqui. Eu amo todos vocês que me fazem querer seguir Cristo com mais paixão a cada dia.

Um agradecimento muito especial ao dr. Paul Maxwell – seus esforços e conversas foram inestimáveis para moldar o material em sua forma final. Não poderíamos ter feito isso sem você! Obrigado também a Andy Hanauer, Kevin e Dianna Sawyer, Susie Matter, Lauren Groves e Alden Groves, por lerem partes do nosso manuscrito em sua forma ainda frágil, infantil e pouco amável – vocês nos ajudaram a saber o que queríamos dizer e a dizer o que ainda não estávamos dizendo.

Finalmente, nosso maior "obrigado" de todos vai para as nossas famílias. Lauren, Emily, Adara e Alden, eu (Alasdair) lhes agradeço por estarem entusiasmados por mim e por suportarem grande parte do estresse no qual este projeto me colocou. Vocês são as pessoas que eu mais aprecio nesta terra

Agradecimentos | 13

e estão, portanto, no centro de todas as minhas emoções (para o melhor e para o pior). Não há mais ninguém com quem eu preferisse compartilhar as tristezas e alegrias da vida. Eu (Winston) agradeço a Kim, Gresham, Sydney e Charlotte pelo constante amor e apoio. Obrigado por aceitarem graciosamente meus esforços tremendos em colocar em prática aquilo sobre o qual converso, escrevo e falo com tanta confiança.

INTRODUÇÃO
Como você se sente
em relação a como sente?

Emoções são algo estranho.

Elas conseguem fazer com que nos comportemos de maneiras que não queremos nos comportar. As emoções são estranhas no sentido de que são capazes de inundar nosso corpo, quer queiramos ou não. Estranhas no sentido de que podem nos ajudar a enxergar e a fazer coisas que nunca teríamos feito sem a presença delas. Estranhas no sentido de que a maioria de nós não sabe (ou nem para para perguntar) *por que* estamos sentindo o que sentimos na maior parte do tempo.

E foi por essa razão que escrevemos este livro. Queremos ajudar você a entender o que são suas emoções (e o que elas não são) e o que você pode fazer a respeito disso. A realidade é que, embora possamos ser tardios em admitir, todos nós nos perturbamos com nossas emoções.

16 | ORGANIZE *suas* EMOÇÕES

Talvez sua dificuldade seja com a ansiedade. Talvez você seja alguém que apenas se sente muito "estressado". Talvez você seja frequentemente melancólico, ou viva com uma constante frustração em baixo grau. Talvez a vida seja tediosa em sua maior parte. Ou talvez você nunca realmente parou para pensar em suas emoções. Não é tão difícil nos dias de hoje rodopiar da Netflix para o e-mail, para o Facebook, para o seu trabalho e nunca parar em lugar algum tempo suficiente para notar que você está sentindo alguma coisa.

Seja qual for a sua história, sabendo ou não, algumas vezes você não gosta de como se sente. Isso só mostra que você simplesmente é semelhante a qualquer outro ser humano.

Considere algumas das diferentes maneiras pelas quais as pessoas experimentam as emoções. Primeiro, veja Jen. Sua manhã de terça-feira está indo muito bem, até que uma foto no topo do feed do Facebook chama sua atenção. Tudo na foto de suas três amigas sorridentes, com os braços ao redor dos ombros umas das outras, proclama que elas estão se divertindo muito. A legenda diz: "A noite das garotas! Exatamente aquilo de que eu precisava!" Falta apenas uma coisa na foto: Jen.

Traição, constrangimento, surpresa, ira e uma sensação aguçada de ter ficado de fora a inundam de repente. Lágrimas se empoçam em seus olhos, seu coração começa a bater, suas bochechas se avermelham com calor. Jen não consegue afastar os sentimentos e uma náusea de fundo no resto do dia. *Odeio isso! É claro que ninguém quer estar comigo*, pensa Jen. *Duvido que outras pessoas se sintam assim. Duvido que outras pessoas sejam assim.*

Para outros, como Angie, as emoções são menos como uma tempestade e mais como a areia movediça. Angie sente-se presa em um mundo sem altos e baixos. Na maioria das vezes, ela apenas se sente entediada, vazia, até mesmo entorpecida. Ela não tem ideia do porquê de suas emoções serem tão murchas, por que nunca há nenhuma faísca, por que a animação e a alegria são experiências para os outros, mas não para ela. Ela parece estar sempre de fora, observando. Enquanto os outros estão rindo, comemorando uma vitória ou tendo uma conversa profunda e satisfatória, ela está apenas parcialmente lá, sendo mais espectadora do que participante. Isso é solitário e alienante, e ela está cansada disso.

Ainda outros, como Chad, mal estão cientes de suas emoções. Às vezes ele está feliz, às vezes está triste, às vezes está com raiva. Ele pode passar dias sem perceber o que está sentindo, e não enxerga o motivo de todo o estardalhaço em relação às emoções. Mas sua esposa tem lutas periódicas com a ansiedade e a depressão. Ele gostaria de poder ajudar, mas não sabe como. Chad sente-se mais como uma testemunha do mundo das emoções do que como um participante, além de desajeitado com qualquer demonstração significativa de emoção nos outros.

Finalmente, há Aaron. Aaron encara tudo com muita facilidade. Ele sabe que tem emoções, mas elas não o incomodam com frequência. Quando o fazem, ele raramente fica para baixo ou irritado por muito tempo. Ele não se esconde de seus sentimentos mais profundos; ele simplesmente não fica chateado com tanta frequência e descobre que, quando fica, as coisas

18 | ORGANIZE *suas* EMOÇÕES

saem bem se ele apenas levar um pouco de tempo para deixar tudo passar. Parece que o sol sempre sai no dia seguinte.

Então, como *você* se sente em relação a como se sente? Você é capaz de se identificar com alguma dessas histórias?

Ao aconselharmos ao longo dos anos, descobrimos que algumas vezes os cristãos ficam mais perturbados por suas emoções do que os não cristãos. Eles frequentemente veem as emoções negativas, aquelas que descreveríamos como "ruins", como sinais de fracasso espiritual. Ansiedade é a prova de que você não confia em Deus. Luto é o fracasso em descansar nos bons propósitos de Deus para a sua vida. Ira é apenas o velho egoísmo. Parece que os cristãos nunca estão lidando *apenas* com emoções negativas. Em vez disso, todo sentimento sombrio também traz consigo um sentimento de fracasso espiritual, culpa e vergonha por *ter* esse sentimento sombrio. Como resultado, as emoções negativas devem ser esmagadas e você deve arrepender-se imediatamente delas em vez de explorá-las, e elas só devem ser expressas quando cuidadosamente monitoradas e controladas — preferivelmente enquanto você veste um traje de proteção nível A.

Na verdade, os cristãos às vezes se sentem inquietos, mesmo com as emoções positivas. A felicidade deve ser examinada por medo de "amar mais o presente do que quem dá o presente", ou seja, Deus. Uma sensação de realização ou de satisfação por um trabalho bem feito pode ser apenas um disfarce para o orgulho ou para receber o crédito por algo para o qual fomos apenas instrumentos. Se você se sente bem por muito tempo, isso pode significar que você é egoísta e não está em sintonia com as necessidades dos que o rodeiam.

Parece que os cristãos simplesmente não conseguem acertar, não importa como eles se sintam.

A forma como você reage às suas emoções, inclusive como você se sente sobre como está se sentindo, é de vital importância para o nosso relacionamento com Deus e com os outros em sua vida. Nossas emoções são uma das oportunidades mais comuns e comumente mal-entendidas em nossas vidas de crescermos em maturidade e amor. Elas têm o poder de enriquecer profundamente os nossos relacionamentos ou de trazer desgaste a eles.

PARA QUEM É ESTE LIVRO

Com isso em mente, esperamos que três tipos diferentes de pessoas leiam este livro. Primeiro, estamos escrevendo para aqueles cujas emoções tendem aos extremos, como Jen ou Angie. Tanto aqueles que se sentem como mortos-vivos quanto aqueles que são arrastados pelas marés emocionais têm uma necessidade diária do consolo, da ajuda, da coragem e da sabedoria de Deus.

Em segundo lugar, porém, este livro é para você se, assim como Chad, suas emoções o deixam desconcertado. Talvez sejam suas próprias emoções que você não consegue entender. Talvez seja a tempestade emocional de um ente querido. Ou talvez você simplesmente não consegue entender por que certas pessoas em sua vida fazem as coisas que fazem, e você se sente perdido.

Finalmente, estamos escrevendo para você, que quer amar e cuidar de pessoas cujas emoções, por uma razão ou outra,

20 | ORGANIZE *suas* EMOÇÕES

as deixam em uma situação indefesa. Como conselheiros, sabemos como pode ser desafiador cuidar de pessoas emocionalmente voláteis e queremos ajudá-lo a participar da vida delas com sabedoria e ideias práticas.

E quanto aos Aarons do mundo? Será que aqueles que estão felizes com suas vidas emocionais recebem um passe livre para não lerem este livro? Talvez sim. Mas tenha em mente que aqueles que têm um temperamento fácil, aqueles que raramente são forçados a lidar com sentimentos feridos, também correm o risco de perder o crescimento e até mesmo a alegria que Deus pretende para seus filhos ao lidar com as emoções deles de uma forma que os conecta mais forte e ricamente com ele.

Acreditamos que a melhor maneira de servi-lo como leitor, qualquer que seja sua categoria, é falar diretamente àqueles que pertencem ao primeiro grupo, os quais lutam com seus sentimentos e não precisam que ninguém lhes diga que as emoções são desafiadoras. Vocês que fazem parte dos outros dois grupos, prestem atenção à conversa. Não se surpreendam, porém, se descobrirem que isso se aplica mais a vocês do que esperavam, e não apenas às "pessoas emotivas" ao seu redor. Nossa esperança é ajudar todos vocês a compreenderem melhor seu próprio mundo interior — e o de seu cônjuge, amigo ou companheiro de escritório — ao ouvir-nos falar àqueles que sentem o problema de seus sentimentos o tempo todo e anseiam por mudanças.

AS EMOÇÕES SÃO UM PRESENTE

A Bíblia tem muito a nos ensinar sobre as emoções. É verdade que a Escritura nos adverte sobre os perigos das emoções, como elas às vezes refletem nosso mundo interior desordenado e nos levam a ações apressadas, insensatas e destrutivas. Mas ela também nos ensina que as emoções são parte indispensável do ser humano e desempenham um papel crucial em nosso relacionamento com Deus e com os outros. Um estudo cuidadoso da Bíblia pode nos ajudar a descartar pressupostos errôneos, a fim de que possamos lidar com as nossas emoções em vez de sermos governados por elas ou de fugirmos delas.

Aqui estão algumas verdades cruciais que exploraremos juntos:

- *As emoções são uma forma essencial de sermos portadores da imagem de Deus.* Deus expressa emoções e nos projetou para expressar emoções também. Na Bíblia, vemos e ouvimos a ira, a alegria, a tristeza e até mesmo o ciúme de Deus. É claro que Deus não experimenta as emoções exatamente como nós. Ele é espírito e não tem um corpo (um elemento importante de nossas vidas emocionais) nem pecado, mas não há como negar que ele escolheu revelar-se na linguagem das emoções, e que nossas emoções são um aspecto de sua escolha de nos criar para sermos como ele.[1]

- *Jesus dá o exemplo.* Jesus nos dá uma imagem perfeita das emoções humanas em ação. Ele, que é verdadeiramente Deus, também se tornou *verdadeiramente* humano. Isso significa que Jesus conhece e experimenta as emoções não somente como Deus, mas também como nós, como um

---

1 Para uma discussão sobre a doutrina da impassibilidade de Deus, veja o apêndice, "Será que Deus Realmente Sente?".

22 | ORGANIZE *suas* EMOÇÕES

ser humano de carne e osso. Nos Evangelhos, testemunhamos a compaixão de Jesus pelo sofrimento e pela dor do coração. Vemos sua ira enquanto fala aos insensíveis líderes religiosos. Ouvimos seus gemidos enquanto sofre pela incredulidade e pela morte. À medida que vivemos em um relacionamento com ele, Jesus realmente começa a trabalhar em nós para nos dar um coração cada vez mais parecido com o dele próprio, um coração que odeia o que ele odeia e que ama o que ele ama.

+ *É tudo uma questão de amor.* As emoções têm muitos papéis importantes. Em parte, elas nos falam sobre nós mesmos e sobre o que se passa dentro de nós e ao nosso redor. Elas também podem fornecer a motivação e a energia para agirmos quando coisas importantes precisam ser feitas. Mas, no cerne de todos os papéis que desempenham, as emoções fluem do que amamos e, ao mesmo tempo, elas de fato nos ajudam a amar as coisas certas: Deus e uns aos outros.

PARA ONDE VAMOS A PARTIR DAQUI

Este livro tem três seções principais.

A Parte 1 aborda as emoções da vida cotidiana, organizando e explicando a complexidade das nossas experiências emocionais. Exploraremos biblicamente o que são as emoções e o que Deus as projetou para fazer. Conforme caminhamos, você provavelmente aprenderá que algumas das maneiras pelas quais você foi ensinado a pensar e a lidar com suas emoções precisam mudar. Veremos como as emoções envolvem nossa mente, a forma como valorizamos as coisas e, até mesmo, o nosso corpo. Também aprenderemos como nossas emoções são uma parte importante de como Deus nos ensina a amar o próximo, pois elas nos ajudam a entender e a participar das experiências uns dos outros. Talvez mais importante ainda, aprenderemos como todas as nossas emoções nos ajudam a recorrer a Deus e a crescer em nosso relacionamento com ele.

A Parte 2 se concentra em como *lidar* com as nossas emoções. Essa seção não trata tanto de como *mudar* suas emoções, mas de como responder a elas e como trazê-las sabiamente a Deus e a outras pessoas. Não queremos lidar com as emoções sendo controlados por elas ou ignorando-as; em vez disso, queremos lidar com elas sabiamente, de uma forma que nos leve ao crescimento em nosso relacionamento com Deus e com os outros.

A Parte 3 oferece orientação sobre o lidar com as emoções que tendem a nos incomodar e a nos confundir mais: medo, ira, tristeza, culpa e vergonha. Por exemplo, vamos explorar como nossa ira tenciona refletir a ira de Deus e realmente trabalha em nossa vida para proteger e restaurar os relacionamentos. Descobriremos que a tristeza e o pesar nem sempre são provas de falta de fé, mas, na verdade, podem ser expressões muito importantes de fé. Descobriremos até mesmo que o medo não é necessariamente uma coisa ruim, mas pode ser uma expressão de afeto e uma preocupação correta, oferecendo-nos uma oportunidade de nos voltarmos para Deus.

Em cada capítulo, seremos tão práticos quanto possível. Afinal, não queremos apenas ajudá-lo a pensar de forma

24 | ORGANIZE *suas* EMOÇÕES

diferente sobre suas emoções; queremos também ajudá-lo a *fazer* coisas que fazem a diferença em seu dia amanhã, enquanto você cria filhos agitados, desfruta um café com amigos, leva o lixo para fora de casa, trabalha em conflitos com seu cônjuge, canta na igreja, chora no banheiro ou encontra um momento calmo para ler. Nossa oração é que, ao ler este livro, o Senhor alimente sua vida emocional em meio aos problemas reais e preocupantes do mundo ao seu redor e às promessas reais e perfeitas de Deus.

PARTE 1
ENTENDENDO AS EMOÇÕES

1
Algumas vezes
é bom sentir-se mal

Jesus chorou.

Essa foi uma coisa estranha para ele fazer, não acha? Nós não sabemos como você imagina Jesus, mas sua imagem mental provavelmente não é a de Jesus se acabando em soluços enquanto as lágrimas correm pelas bochechas em sua barba. Jesus sangrando na cruz, mas perdoando seus inimigos? Claro. Jesus com as crianças no colo, sorrindo compassivamente para elas? Pode apostar que sim. Jesus lamentando alto ou agitando-se com tremores silenciosos em um funeral? Nem tanto.

No entanto, é exatamente isso que a Bíblia diz. De pé com Maria, a irmã de Lázaro, e olhando para o túmulo recente de seu amigo próximo, Jesus é apunhalado pelo luto e se desfaz em lágrimas (Jo 11.32-36). Agora, pense no seguinte: como Deus, Jesus controla o universo inteiro e pode mudar qualquer

28 | ORGANIZE *suas* EMOÇÕES

coisa a qualquer momento. De fato, ele vai ressuscitar Lázaro dos mortos em cerca de cinco minutos. Por que cargas d'água, então, Jesus choraria quando está prestes a fazer um milagre maravilhoso e resolver o problema?

Porque ele é perfeito. Ele chora pela morte de seu amigo e está profundamente comovido pela angústia de Maria, porque *é isso que o amor faz quando é confrontado com a perda*. Jesus é o único ser humano perfeito que já viveu e é por isso que ele não se recusa a compartilhar a dor daqueles que ele ama. Nem mesmo por dez minutos. Nem mesmo quando ele sabe que a tristeza deles está prestes a se tornar em espantosa exultação.[1]

Você já parou para pensar sobre o luto (ou a ira, ou o desencorajamento) como algo que poderia ser certo e importante, mesmo que você *pudesse* consertar o problema? Isso vai contra cada instinto nosso, não é mesmo? No entanto, a Bíblia ensina, vez após vez, que a tristeza, a ira, o desânimo e, até mesmo, o medo têm um lugar bom e correto. A maioria de nós fica profundamente desconfortável com sentimentos negativos e presume que algo está errado conosco sempre que nos sentimos tristes, ou bravos, ou mal. Com certeza, pensamos, se tivéssemos mais fé, uma melhor perspectiva, mais força de caráter, nós não nos sentiríamos assim. Ou, pelo menos, nos livraríamos desse sentimento mais rápido.

A esse respeito, a Bíblia tem uma visão radicalmente diferente. Ao contrário de nossa suposição de que as pessoas mais fiéis serão as mais despreocupadas e emocionalmente otimistas,

---

1 Estamos em dívida com Tim Keller pela observação de que as lágrimas de Jesus fluem do perfeito amor dele.

a Escritura está cheia de santos sofredores e pesarosos que rasgam suas roupas e se sentam nas cinzas quando seu mundo vira de cabeça para baixo. A lógica básica da Bíblia é esta: se você se importa com os outros e com o reino e a missão de Deus neste mundo, ficará e *deve ficar* cheio de tristeza quando você ou aqueles que você ama forem feridos, sofrerem perdas ou morrerem. Você deve sentir raiva na presença da injustiça. Seu coração deve bater mais rápido quando sua família estiver em perigo. Por mais contraintuitivo que pareça, sentimentos horríveis como o luto podem ser exatamente os sentimentos certos a ter, sentimentos que honram a Deus, e seria errado *não* senti-los. O autor e pensador cristão C. S. Lewis colocou isso vividamente quando disse:

> Amar é ser vulnerável. Ame qualquer coisa e seu coração será apertado e possivelmente partido. Se você quer certificar-se de mantê-lo intacto, não deve dá-lo a ninguém, nem mesmo a um animal. Envolva-o cuidadosamente com passatempos e pequenos luxos; evite todos os embaraços. Feche-o com segurança na urna ou no caixão de seu egoísmo. Mas nesse caixão, seguro, escuro, imóvel, sem ar, ele vai mudar. Não será quebrado; tornar-se-á inquebrável, impenetrável, irrecuperável.[2]

De fato, Deus amou tanto o mundo que se fez vulnerável a ele a ponto de perder seu Filho amado, de enviá-lo entre

---

2 C. S. Lewis, *Os quatro amores* (São Paulo: Thomas Nelson Brasil, 2017).

30 | ORGANIZE *suas* EMOÇÕES

nós para assumir nossas dores, chorar nossas lágrimas e, finalmente, morrer a morte que deveríamos ter morrido. Deus ama, por isso lamenta. Deus cuida de nós, por isso odeia o pecado que nos separa dele. Deus é perfeito, por isso sofre quando sua amada criação e seu precioso povo se ferem mutuamente e são feridos pelas feridas deste mundo dolorosamente quebrado.[3]

Mágoa, ódio, luto e medo são coisas terríveis de provar. E mais — como você sem dúvida sabe —, a Bíblia ordena alegria, gratidão, contentamento, paz e coisas semelhantes. Mas essa não é a história inteira, e as peças que faltam são vitais. Por mais estranho que pareça, temos que começar por entender o que é bom em nossas emoções negativas se quisermos lidar bem com elas quando estiverem desordenadas.

AS EMOÇÕES NEGATIVAS
NEM SEMPRE SÃO RUINS

A razão básica pela qual precisamos de emoções negativas e desagradáveis é que vivemos em um mundo caído. Deus nos fez para responder às coisas como elas realmente são. Os seres humanos devem ficar angustiados com o que é angustiante, horrorizados com a violência e o abuso, profundamente preocupados (chamaríamos de "ansiosos") com a possibilidade de ferir alguém ou algo que amamos, irados com injustiças arrogantes. Não sentir dor quando alguém que amamos morre, não

---

3 Para aqueles que desejam uma discussão mais profunda sobre Deus como "vulnerável" ou "sofrendo", veja o apêndice, "Será que Deus Realmente Sente?", que explica como a doutrina da "impassibilidade", que diz que Deus não é movido ou mudado pelas paixões, não está em conflito com a forma como a Bíblia o descreve tendo emoções em resposta ao mundo e às pessoas que ele criou.

se sentir desanimado quando nos encontramos caindo no mesmo padrão de pecado mais uma vez, não ficar chateado quando nossos filhos mentem ou se machucam seria errado. Até Jó, o homem que perdeu tudo em um dia e ainda assim adorou a Deus e se submeteu com fé ao controle dele, "se levantou, rasgou o seu manto, rapou a cabeça e lançou-se em terra" quando ouviu falar da morte de seus filhos e da ruína de sua vasta riqueza (Jó 1.20). Por ter sido feito à imagem do próprio Deus, isso significa que você foi feito para ver o mundo como ele o vê, para responder como ele responde, para odiar o que ele odeia e para desagradar-se com o que desagrada a ele.

Isso não significa, porém, que a dor piedosa, ou a raiva justa, ou o desânimo santo serão agradáveis! Significa, sim, que toda uma série de sentimentos desconfortáveis pode ser profundamente piedosa, correta e santa.

Como se isso não fosse contraintuitivo o suficiente, precisamos reconhecer o lado negativo que existe: às vezes é realmente ruim sentir-se bem! Obviamente, coisas como a crueldade (a alegria de causar dor) são erradas, mas qualquer tipo de sentimento positivo pode ser distorcido. Ficar feliz quando outra pessoa sofre um revés porque isso o faz tomar a dianteira é errado. Sentir-se satisfeito e pacífico porque você tem heroína suficiente para mais dois dias, mesmo estando prestes a perder seus filhos, é uma farsa. Sentir esperança de que seu caso extraconjugal permanecerá em segredo é realmente uma coisa ruim.

Enxergar o bem em nossas emoções negativas torna-se, de certa forma, mais fácil quando percebemos que Deus

32 | ORGANIZE *suas* EMOÇÕES

demonstra toda uma gama de sentimentos negativos na Bíblia. Por exemplo, ele é descrito em incontáveis lugares como irado ou colérico. Isso é difícil para a maioria de nós. De algum modo, nos sentimos desconfortáveis e embaraçados com a ideia de que Deus está irado com alguém, mas que tipo de pai *não* ficaria irado quando alguém tem prazer cruel em abusar de seus filhos? Essa cólera é exatamente o que o profeta Naum, por exemplo, conta. Ele escreve sobre Deus vindo como um guerreiro contra os assírios que tinham invadido Israel e, mesmo no mundo antigo, eram famosos pela criativa crueldade que tinham para com os povos conquistados. Em Naum, Deus vem como uma equipe da SWAT descendo sobre um grupo de terroristas que capturaram e torturaram crianças indefesas. Se você é um filho de Deus indefeso e abusado, a ira dele em seu favor é uma boa notícia. Se você sofreu e foi maltratado, é profundamente reconfortante que Deus esteja aborrecido por causa da sua dor e furioso com aqueles que lhe fizeram mal.

Pense também na dor de Deus. Ele se entristece em Gênesis 6, quando vê a arrogância implacável dos descendentes de Adão e Eva à medida que cada geração que passa se torna mais violenta e egocêntrica. Milhares de anos depois, em Mateus 23, Jesus lamenta o pecado e a loucura de sua amada Jerusalém, e lamenta que essas pessoas tenham rejeitado a ajuda e a correção amorosas de Deus vez após vez. Além disso, como observamos há pouco, Jesus chora com a morte de Lázaro, seu amigo.

Mas não há só relatos sobre a ira e a tristeza. Na Bíblia, também vemos que Deus é frequentemente "ciumento" pelo afeto, pela lealdade e pela adoração de seu povo. No jardim do

Getsêmani, Jesus treme e transpira sangue devido a alguma combinação de pavor, angústia e solidão. A lista poderia continuar.

Aqui está a grande ideia: nossas emoções negativas, como as de Deus, desempenham um papel necessário em nossas vidas. Elas nos dizem que algo está errado. Da mesma forma que a felicidade, a alegria, a paz e o contentamento olham ao redor e concluem que as coisas são como deveriam ser, assim também a repugnância, o incômodo, o desânimo e a fúria são concebidos para identificar os lugares onde este mundo caído está caído, onde a desordem, os danos e a destruição quebraram algo que justamente consideramos precioso. Avaliar o mundo como fraturado e ser movido em resposta a isso são experiências profundamente *cristãs*.

Isso não significa que nossa ira ou nossa tristeza sempre nos indiquem a direção certa — longe disso, como todos nós sabemos de inúmeras experiências pessoais! Ainda assim, precisamos entender que nossos sentimentos mais sombrios não são uma maldição, mas um presente. É um presente perigoso — às vezes, parece que é o mesmo que dar canetas permanentes a uma criança pequena —, mas, ainda assim, um presente. Nossas emoções — todas elas — nos dão a chance de compartilhar o coração, o propósito e a perspectiva de Deus, e assim, sermos verdadeiramente seus "amigos", como Jesus chama os discípulos na Última Ceia (Jo 15.15).

Está chegando um dia em que nunca mais sentiremos tristeza, raiva, medo ou desgosto, pois não haverá nada sobre o qual nos sentirmos tristes, irados, amedrontados ou desgostosos. Até lá, porém, é somente participando das alegrias *e* das

34 | ORGANIZE *suas* EMOÇÕES

dores do amor de Deus por seus filhos que poderemos viver em um relacionamento honesto e sábio com Aquele que nos fez. Somente aqueles que amam o Senhor o suficiente para abrir seu coração à dor de seu mundo poderão participar também da alegria dele.

PERGUNTAS PARA REFLEXÃO

Ao encarar seus próprios sentimentos:

1. Você já pensou em seus sentimentos ruins como tendo um bom propósito? Como essa ideia lhe parece agora mesmo?
2. Quais são as emoções mais desconfortáveis para você? Por que você acha que isso acontece?
3. Você se descreveria como uma pessoa altamente emotiva, dormente ou estável?

Ao ajudar os outros:

1. Como este capítulo muda a sua maneira de olhar para as pessoas em sua vida cujas emoções têm sido uma fonte de sofrimento para você?
2. Pense em alguém que você está tentando ajudar e amar. O que as emoções negativas dessa pessoa dizem sobre o modo como ela vê o mundo? Que coisas específicas as emoções dessa pessoa identificam como quebradas, deformadas ou danificadas?

2
O que exatamente são as emoções?

Até agora, aprendemos que todas as nossas emoções, até mesmo as mais dolorosas e assustadoras, podem ser boas. Elas são parte do nosso equipamento como portadores da imagem de Deus. Elas nos ajudam a entender e a nos conectar com o mundo da mesma forma que o Senhor faz e, assim, podemos lidar com elas como seus filhos, servindo aos propósitos de Deus.

Mas o que exatamente *são* as emoções?

Dar uma definição para emoções é algo que é mais fácil falar do que fazer. De fato, o debate sobre o que exatamente são as emoções e o que elas deveriam fazer é uma antiga filosofia por si só. Sem brincadeira. Desde os antigos gregos como Platão e Aristóteles, passando pelas Idades Média e Moderna, com Tomás de Aquino e Blaise Pascal, até a Idade

36 | ORGANIZE *suas* EMOÇÕES

Contemporânea, tem havido debates de peso sobre a natureza e os propósitos das emoções.

Em linhas gerais, duas teorias prevalecem.

Uma sustenta que nossas emoções têm origem em nosso corpo como impulsos fisiológicos ou instintos aos quais nossa mente dá sentido e forma. Esse é o argumento geral que Platão e seus seguidores fazem e reflete uma noção comum de que a mente é superior ou mais pura do que o corpo. A implicação é que nossas emoções não são confiáveis, porque vêm da parte "animal" da nossa natureza, e devemos usar nossa mente, ou filosofia, para dominar nossos corpos. Se você é um fã do *Star Trek*, pode imaginar o sr. Spock usando esse mesmo argumento. Embora fosse meio-humano, ele aprendeu a dominar suas emoções (em sua maioria) usando sua mente Vulcana.

A segunda teoria é o oposto disso. Ela argumenta que a maneira como pensamos e valorizamos as coisas se reflete em nosso corpo. Em outras palavras, a mente, e não o corpo, é a locomotiva que impulsiona as emoções. Isso é frequentemente referido como uma compreensão cognitiva das emoções. Essa posição não pressupõe uma visão negativa do corpo, mas, ao contrário, sugere que podemos administrar nossas emoções com a nossa mente. Se você está perturbado por seus sentimentos, precisa mudar a forma como pensa, criar uma nova perspectiva. Aqui você pode se imaginar cantarolando alguns compassos de "Hakuna Matata" de *O rei leão*. Está exilado na selva com um suricato e um javali? Simplesmente aprenda a apreciar a beleza de viver sem responsabilidades e de jantar insetos. Como Timão nos lembraria, *Hakuna matata* significa "não ter preocupações para o resto de seus dias".

Quando é dada uma escolha entre esses dois entendimentos, os pensadores cristãos costumam argumentar que a Bíblia ensina uma visão cognitiva das emoções. Afinal de contas, como a Escritura aparentemente pode nos ordenar a alegria ou admoestar nossa ira se a nossa mente não está no lugar do motorista? Isso não seria justo. Mas, como você já deve suspeitar, as coisas nunca são tão certinhas como gostaríamos. Às vezes parece impossível separar o que está acontecendo no corpo daquilo que está acontecendo na mente, ou entender o que vem primeiro: o que *sinto* em meu corpo ou o que *penso* com minha mente.

Imagine, por exemplo, que você está dirigindo para casa, voltando do trabalho. É sexta-feira, você está ansioso para o fim de semana e está de bom humor. De repente, um motorista faz uma curva repentina na sua frente, forçando-o a pisar no freio. Seus pneus guincham enquanto a traseira do carro derrapa. Inexplicavelmente, o outro motorista faz um gesto vulgar para você enquanto acelera.

Espere, o que acabou de acontecer? Isso não faz sentido algum! A culpa foi dele, não sua! O medo e o alívio são rapidamente engolidos pela indignação e pela fúria.

Minutos depois, você estaciona em frente à sua casa e entra pela porta principal. O cão da família o cumprimenta fielmente, pulando em cima de você como invariavelmente faz, colocando as patas nas suas pernas, lambendo seus dedos e deixando pelos de cachorro em toda a sua roupa de escritório. Imediatamente, você grita: "*Pare com isso, seu idiota! Você está*

38 | ORGANIZE *suas* EMOÇÕES

arruinando minhas roupas!" Fido se afasta, e sua família, consternada, olha para você com os olhos arregalados.

Até você próprio fica chocado com a reação que teve. Fido não fez nada que ele não faça todos os dias. Ele sempre late e dança quando você chega. E mesmo que seja um pouco irritante, isso normalmente aquece seu coração. Hoje, porém, a raiva da estrada o acompanhou até a sua casa. Você sabe que não foi Fido quem lhe deu uma cortada ou o insultou, mas seu corpo e sua mente estão empenhados em uma dança emocional complicada. Você ainda está "irado" — seu ritmo cardíaco ainda está elevado, você se sente quente e a adrenalina ainda corre em suas veias. Seu corpo está pronto para uma luta. (E seu cérebro, que a propósito, faz parte do seu corpo, também está moldando a maneira como você pensa). Você está respondendo não apenas ao outro motorista, mas a *tudo*, com uma mentalidade irada. Quando Fido pula em você, isso realmente o irrita, mas seu corpo amplificou sua irritação normal, que geralmente se dissipa momentos depois que o cachorro se afasta.

Fazer uma distinção clara entre mente e corpo e atribuir um deles como fonte das emoções simplesmente não é adequado. Em qualquer situação, um pode parecer mais poderoso do que o outro e, na maioria dos casos, podemos ver como ambos estão trabalhando, formando uma espécie de ciclo de alimentação. Mas será que isso realmente importa? Não seria uma espécie de debate filosófico inútil? Não, isso realmente importa, especialmente se você está procurando ajuda com suas emoções. Entender o que "causa" as emoções é um passo crítico para aprender a lidar com elas.

A TEOLOGIA DAS EMOÇÕES

Será que a Palavra de Deus fornece alguma clareza sobre esse assunto?

Devemos começar nos lembrando de que a Bíblia não é simplesmente uma enciclopédia de fatos sobre emoções ou sobre qualquer outra coisa que interesse a nós. O que ela "diz" sobre qualquer assunto é parte de uma história contínua sobre Deus e seu povo, e deve ser entendido nesse contexto. Em outras palavras, a Bíblia não oferece uma resposta técnica à pergunta *O que são emoções?*, como se testemunhasse perante um painel de pesquisadores psicológicos. Temos que nos lembrar de que o que a Bíblia pode nos ensinar sobre as emoções está lá para nos guiar em nosso relacionamento com Deus e com os outros.

Biblicamente, portanto, a questão de se as emoções têm origem na mente ou no corpo não é uma temática central. Em vez disso, o foco está em como as emoções facilitam (ou impedem) nosso papel como portadores da imagem de Deus, ajudando-nos a amá-lo e a amarmos uns aos outros (ou impedindo-nos de amar). Nossas emoções, em todas as suas dimensões, corpo e mente, devem funcionar juntas de uma forma que sirvam aos propósitos de Deus. Nesse contexto, a Bíblia nos retrata como pessoas essencialmente unificadas, que foram criadas com mente e corpo projetados para trabalharem juntos e de forma perfeita em nossas tarefas como portadores da imagem de Deus.

Portanto, a resposta mais sábia à pergunta *As emoções têm origem na mente ou no corpo?* é: provavelmente nos dois. Às vezes, o corpo parece ser o iniciador ou mesmo ter a vantagem. Outras vezes, e em outras situações, nossas crenças e

40 | ORGANIZE *suas* EMOÇÕES

interpretações parecerão ser os fatores mais poderosos. Entender como identificar quais fatores estão mais em jogo e como responder a eles requer sabedoria e prática.

Para a Bíblia, mais importante do que saber de onde vêm nossas emoções é saber o que elas *fazem*.

Comunicar: Nossas emoções comunicam valor

Talvez uma das coisas mais importantes que a Bíblia nos diz sobre as nossas emoções é que elas são uma expressão daquilo que valorizamos ou amamos. Você se lembra de que vimos, no capítulo anterior, sobre quando olhamos para os bons propósitos de Deus até mesmo para as emoções negativas? As lágrimas de Jesus no túmulo de Lázaro e a ira de Deus para com aqueles que devastaram seu povo no livro de Naum expressam o amor de Deus por seus filhos e seu descontentamento com a feiúra do pecado e com a natureza quebrada da vida neste mundo. Tanto suas lágrimas como sua ira fluem do que ele valoriza ou ama.

Da mesma forma, nossas emoções são expressões dos nossos próprios "amores" e valores. Aqui estão dois exemplos.

Primeiro, eu (Alasdair) tive um privilégio com o qual muitos poderão se identificar: levar um carro cheio de crianças pequenas até o drive-thru de um banco local, também conhecido como a terra do pirulito grátis. É uma lição que abre os olhos sobre como as emoções humanas expressam amor.

Mesmo quando meu filho mais novo tinha dezoito meses e ainda não conseguia dizer a palavra *banco*, ele ficava entusiasmado quando parávamos na janela do caixa. Um pedaço familiar

O que exatamente são as emoções? | 41

de parede de estuque ou saliência do teto aparentemente lhe indicava que um pequeno pedaço de céu verde ou laranja na ponta de um palito branco estava prestes a aparecer magicamente sobre o ombro de seu assento de carro. Olhares de empolgação e antecipação também se espalhavam pelos rostos dos meus filhos mais velhos. Aprendi que eu podia garantir até trinta segundos de cessar-fogo entre facções em guerra no banco de trás, somente perguntando: "Ok, pessoal, quem está pronto para um pirulito?"

Na maioria dos dias, o som das embalagens sendo amassadas enche o carro à medida que a empolgação é solidificada na emoção da felicidade; meus filhos estão unidos com o objeto de seu amor. Mas o que acontece quando a criança do meio deixa cair seu pirulito no chão e não consegue alcançá-lo? Eu lhe direi: choro e ranger de dentes. E se a criança perceber que deixou o pirulito cair porque sua irmã estava brincando com o apoio de braço e bateu com o braço nele? O pesar se transforma em ira num instante. Então, cabe ao papai fazer algo que ele nunca se imaginou capaz de fazer. (Já provou biscoito velho misturado com sujeira, fiapo e migalhas de granola, todos mantidos juntos por saliva e por baba de pirulito? Eu não posso recomendar isso). Agora, de volta com seu pirulito nas mãos, a criança outrora furiosa sente uma emoção inominável que fica no meio termo entre apaziguada, mas ainda temperamental.

Poderíamos continuar. A questão é que, mesmo na infância, quando consegue o que ama, você fica feliz. Quando outra pessoa ganha o que você ama, você tem inveja. Quando alguém nos priva disso, ficamos furiosos. Quando perdemos essa coisa, ficamos pesarosos.

Em cada uma dessas emoções, o amor da criança por pirulitos não muda. O fator determinante é a perspectiva dela sobre como aquele pirulito amado está se saindo. Enquanto os seres humanos crescem em maturidade e nossos gostos mudam, a dinâmica central de nossas emoções permanece. Nossos sentimentos expressam nossa visão intuitiva de quão bem nossa situação está proporcionando e protegendo o que amamos.

Eis um segundo exemplo, mais sério. Eu (Winston) jamais esquecerei a experiência de comprar minha primeira casa. Eu estava prestes a me formar no seminário. Minha esposa Kim e eu estávamos embarcando em uma nova fase da vida. Tudo era novo e emocionante e, além de ter me casado cinco anos antes, esse parecia ser o próximo passo natural da vida adulta.

Kim abraçou a tarefa com entusiasmo. Ela passou um pente fino no jornal em busca de casas que estavam no mercado e conversou com amigos e familiares sobre como fazer o processo de forma sensata. Já eu estava mais cauteloso, inseguro sobre assumir uma hipoteca com um orçamento extremamente apertado, sem ter certeza sobre se queria afundar minhas raízes na área.

Finalmente, encontramos o que parecia ser a casa certa. Um modesto imóvel que precisava de reparos, com o tamanho certo para um casal que espera começar uma família pequena. A manhã do dia em que fechamos negócio foi elétrica. Enquanto andávamos pela casa, olhamos com carinho todas as salas, imaginando a alegria que cada espaço iria conter nos próximos anos. Em nosso coração, ele já era nosso, o nosso querido lar. Assinamos os papéis com entusiasmo; nosso coração estava cheio.

Mais tarde, naquela mesma noite, dirigimos até nossa nova casa, com as chaves na mão. No escuro, porém, as coisas pareciam diferentes. A rua estava quieta. Talvez até um pouco assustadora. As janelas estavam escuras. Não havia vida do lado de dentro. Entramos na casa vazia e rapidamente percebemos que, sendo uma casa mais velha, não havia muitas luzes sobre a cabeça. A pequena sala de jantar era uma das poucas salas que podíamos iluminar. Kim sentou-se no chão de madeira crua e dura, olhou para mim e disse: "Espero que tenhamos feito a coisa certa".

"O que você quer dizer?", eu respondi.

"Espero que tenhamos feito a coisa certa", repetiu ela. "Quero dizer, este é um grande compromisso". Espero que esta seja a casa certa para nós", e começou a chorar. Honestamente, não lembro como respondi, mas acho que fiz alguns esforços desajeitados para confortá-la, embora eu estivesse sentindo exatamente a mesma coisa.

O mesmo dia. A mesma casa. As mesmas esperanças para o futuro. Duas experiências muito diferentes. Como conseguimos entender a diferença? O que a casa significou para nós no momento havia mudado. Pela manhã, ela representava um futuro cheio de crianças, risos, hóspedes, café gourmet e sonhos realizados. Era um símbolo de tudo de bom que queríamos para nós e para nossa futura família. E nos sentimos ótimos. À noite, a casa representava um lugar cheio de coisas não familiares, desconhecidas, encargos financeiros, reparos imensos e riscos. E nos sentimos assustados. Obviamente, nem a casa ou nossos queridos desejos mudaram no decorrer de oito horas. Mas nossa perspectiva e percepção de como esses sonhos eram seguros haviam mudado

44 | ORGANIZE *suas* EMOÇÕES

drasticamente. Até mesmo a forma como nos sentimos em nosso corpo. E assim nossas emoções já não eram as mesmas.

Consegue ver o padrão? Aquilo com o qual você se importa molda a maneira como você sente. Suas emoções estão sempre expressando as coisas que você ama, valoriza e entesoura, quer você as compreenda ou não.

Relacionar: As emoções nos ajudam a nos conectar

Se tivesse estado lá conosco naquele dia, nos ouvindo falar e prestando atenção às nossas emoções, você realmente teria aprendido muito sobre nós. A animação em nossos olhos, os sorrisos frequentes e a maneira como olhávamos um para o outro e dávamos as mãos enquanto andávamos pela casa de manhã teriam dito a você que estávamos muito apaixonados, muito ansiosos pela vida familiar juntos e cheios de esperança. Naquela noite, você nos teria visto como jovens de vinte e poucos anos, fazendo algo novo, incertos sobre nós mesmos, ainda sentindo a necessidade de mais alguém para nos guiar e proteger. Nosso novo lar e nossas respostas emocionais a ele realmente revelaram nossos corações. Nossas emoções teriam ajudado você a nos conhecer melhor. Pelo fato de expressarem nossos amores, esperanças, sonhos, medos e assim por diante, nossas emoções de fato *nos* revelam, transmitindo aos outros — que se preocupam em perceber — quem nós somos.

Mas algo mais também poderia ter acontecido se você estivesse conosco naquele dia. Se você não só tivesse notado essas coisas, mas também tivesse nos ajudado a compartilhar esses pensamentos e sentimentos com você e, em seguida,

O que exatamente são as emoções? | 45

tivesse respondido com suas próprias emoções de cuidado e preocupação, você teria *nos amado* e nosso relacionamento com você teria *crescido*. Há um sentido muito real no qual compartilhar nossas emoções um com o outro realmente fortalece nossos relacionamentos.

Você já notou isso em sua própria vida? Faça um inventário mental das pessoas de quem você se sente mais próximo. É provável que você tenha tido algumas experiências com elas nas quais compartilhou alguns de seus pensamentos e sentimentos mais profundos ou pelo menos ambos experimentaram emoções fortes.

Há uma razão muito boa para isso. Compartilhar experiências é fundamental para a própria natureza do amor. Paulo escreve em Romanos 12.9: "O amor seja sem hipocrisia" e, em seguida, fornece uma longa lista das muitas maneiras pelas quais o amor genuíno se expressa nos relacionamentos. Ele descreve uma dessas maneiras no versículo 15: "Alegrai-vos com os que se alegram e chorai com os que choram". Em outras palavras, uma das maneiras de compartilhar o amor sincero é participando emocionalmente da experiência dos outros. Quando eles estão tristes, você participa e experimenta a tristeza deles. Quando estão felizes, você participa dessa felicidade. Faz sentido, certo? Se os outros me amam, eles não apenas entendem a minha experiência; eles são movidos pessoalmente por ela.

Então, como Paulo sabe disso? Ele conhece Jesus e sabe que Jesus é amor. Lembra-se do capítulo anterior, sobre como a dor de Jesus pela morte de Lázaro revelou seu coração? Da mesma forma, a vontade de Jesus de participar do luto das

46 | ORGANIZE *suas* EMOÇÕES

irmãs de Lázaro foi uma expressão de seu amor por elas. Ele literalmente chorou com aqueles que choravam, lamentando a feiúra do pecado e da morte e participando da forma como ela tocava aqueles que ele amava.

Motivar: As emoções nos motivam

As emoções servem a um terceiro propósito: elas nos dão a energia física e a motivação para fazermos as coisas.

Se você já teve dificuldade com a ira, provavelmente já notou que pode realmente senti-la como uma onda de energia. Seu coração começa a bater, sua temperatura sobe e a adrenalina começa a correr em suas veias. De repente, é como se você realmente tivesse que fazer algo a respeito dela. É uma chamada à ação. É por isso que a ira é frequentemente demonstrada com ações físicas, desde fechar uma gaveta com um pouco mais de força, até quebrar placas e perfurar paredes. É como se dentro de si houvesse uma energia exigindo ser liberada.

Agora, pense na última vez que você realmente sentiu medo. Seu coração também começou a bater acelerado nessa situação. Talvez você tenha começado a suar. Sua boca secou e as palmas das mãos ficaram pegajosas. Isso também foi uma espécie de surto de energia, mas você sentiu mais vontade de correr do que de lutar. Se você realmente correu, provavelmente correu mais rápido do que teria corrido se não tivesse medo. Seu medo o afetou fisiologicamente para que, se estivesse realmente em perigo, você pudesse fugir dele.

Na outra ponta do espectro, você deve ter notado que a falta de emoção pode significar uma falta de energia ou de vontade de agir. Se você já sofreu de depressão, sabe como ela pode ser debilitante, no sentido de você não só estar com dor emocional ou se sentir desanimado, mas também de achar difícil fazer qualquer coisa, talvez até mesmo sair da cama pela manhã.

Esse aspecto motivacional de nossas emoções é a maneira de Deus nos ajudar a colocar nossos valores em ação. Através da energia que a ira proporciona, seja para intervir em uma situação percebida como errada ou para fugir de uma situação perigosa, nossas emoções estão constantemente nos estimulando a promover os propósitos de Deus em nossas vidas.

Elevar: Nossa emoções nos direcionam para Deus

Todas as três categorias anteriores enfatizam como nossas emoções nos ajudam a interagir e a nos conectar com nossos valores centrais, com o mundo ao nosso redor e até mesmo com nossos corpos físicos. Mas nossas emoções formam um outro papel que está por trás e molda as categorias mencionadas: nossas emoções revelam nossa conexão com Deus. Ou, dito de outra forma, *nossas emoções são uma expressão de adoração.*

Isso pode lhe parecer estranho. Para muitos de nós, a palavra *adoração* é essencialmente sinônimo de cantar canções em uma manhã de domingo, e a parte musical do culto é chamada de adoração em contraste com o sermão, ou os avisos, ou a comunhão. Em outras palavras, para muitos, a adoração está limitada a momentos musicais cheios de emoções que nos ajudam a sentir a presença de Deus de um modo particular. Mas a adoração é maior do que qualquer experiência ou subconjunto de emoções específicas.

48 | ORGANIZE *suas* EMOÇÕES

De fato, a Escritura ensina que, quer pensemos em nós mesmos como religiosos ou não, estamos adorando o tempo todo. Jesus chega a esse ponto no resumo que faz da lei. Quando lhe perguntam qual é o maior mandamento, ele responde: "Amarás o Senhor, teu Deus, de todo o teu coração, de toda a tua alma e de todo o teu entendimento. Este é o grande e primeiro mandamento. O segundo, semelhante a este, é: Amarás o teu próximo como a ti mesmo. Destes dois mandamentos dependem toda a Lei e os Profetas" (Mt 22.36-40).

Jesus está se dirigindo à maneira como tendemos a ignorar os mandamentos que não nos agradam. Em particular, os líderes religiosos com quem ele está debatendo amam o ritual cerimonial de adoração e a honra que recebem como líderes, mas não amam as pessoas; eles as exploram.[1] Cristo está nos dizendo que em nossos relacionamentos, seja com Deus ou com o nosso próximo, o mandamento de Deus, de amar, se aplica em todos os momentos.

Portanto, essencialmente, o primeiro grande mandamento descreve nosso dever de adorar. Devemos amar a Deus com tudo o que somos, com cada elemento de nossa vida — coração, alma, mente e força. O segundo grande mandamento é semelhante ao primeiro, pois é uma extensão ou aplicação deste. Nossa adoração ou amor a Deus deve ser refletida na maneira como tratamos os outros. Portanto, não podemos segmentar nossa vida em pedaços e chamar uma dessas peças de adoração. Isso não significa que não devemos amar as pessoas ou outras coisas além de Deus, mas sim que nosso amor por Deus deve moldar todos os nossos

---

1 Veja Mateus 23.1–36.

O que exatamente são as emoções? | 49

outros amores ou compromissos. Se estamos amando algo mais do que a Deus, deixando que ele tome as decisões e guie nossas vidas, esse algo está funcionando como um deus para nós. Mas se o nosso maior amor é Deus, ele é quem impulsiona e, portanto, quem é o verdadeiro objeto da nossa adoração.

Eis aqui, então, o que isso significa: cada emoção que você sente reflete seus amores, ou seja, o que você adora. Isso é fácil de ver em termos de alegria, gratidão e admiração, mas é igualmente verdade em termos de tristeza, culpa e angústia. Enquanto a alegria piedosa, por exemplo, flui de um coração que valoriza o que Deus valoriza e vê seus propósitos avançando, a angústia piedosa vem de um coração que valoriza o que Deus valoriza e vê sua vontade ser violada. A angústia piedosa é o grito de um coração que honra os desejos de Deus como bons, honra a sua vontade como certa e está tão pessoalmente empenhado em ver a vontade de Deus sendo feita na terra como no céu que, ao ver o oposto, isso lhe causa angústia de espírito.

Ambas, a alegria piedosa e a aflição piedosa, refletem a adoração piedosa.

Todas as emoções desagradáveis podem funcionar dessa maneira. A justa culpa honra a bondade da lei de Deus. A justa dor provou e viu que Deus é bom e que a perda de seus bons dons é dolorosa. Porque a adoração a Deus atribui a ele um valor supremo, todas as emoções dolorosas e piedosas servem, na verdade, para comunicar esse valor, estabelecer-nos mais firmemente em um relacionamento com ele e nos motivar a obedecer.

Em última análise, cada emoção reflete nossa adoração, ou seja, os amores ou compromissos do nosso coração. Mas às vezes

50 | ORGANIZE *suas* EMOÇÕES

nossa adoração está fora. Amamos a coisa errada; ou talvez amamos as coisas certas da maneira errada; ou as amamos demais. Nem tudo que sentimos flui de um valor pelo que Deus ama, mas cada ponto de todo nosso espectro de emoções foi projetado para nos enviar a correr para nosso Pai com palavras como "obrigado", "ajuda-me", "o Senhor é maravilhoso", ou "oh não!" Nenhum sentimento está além da redenção. Na verdade, todo sentimento que se volta para Deus se torna parte da nossa adoração.

Mas não solte o cinto de segurança ainda — a viagem ainda não acabou! Na verdade, as coisas ficam ainda mais emocionantes no próximo capítulo, à medida que exploramos as maneiras como nossas emoções interagem *umas com as outras*.

PERGUNTAS PARA REFLEXÃO

Ao encarar seus próprios sentimentos:

1. Qual é a emoção mais recente que você se lembra de sentir? O que ela comunicou sobre o que você valoriza? Para qual(is) ação(ões) ela o empurrou? Como isso afetou, ou poderia afetar, seu relacionamento com outras pessoas? De que forma ela o levou em direção a (ou o afastou de) Deus?

Ao ajudar os outros:

1. Você acredita que emoções "negativas" podem levar as pessoas a ações corretas? Você consegue pensar em um exemplo que você já viu?

2. Pense na última vez que você vivenciou alguém sentindo emoções fortes. O que essas emoções estavam comunicando? Isso foi fácil ou difícil de ver?

3
As emoções não vêm em um arquivo único

Mesmo que tenha seguido cada passagem do capítulo anterior, pode ser que você ainda encontre algumas situações em que é difícil ver exatamente o que suas emoções estavam tentando comunicar, ou o motivo pelo qual você se sentiu chateado com alguma coisa, ou por que entrou em uma espiral descendente em resposta a algo que aconteceu muitas vezes antes sem causar qualquer problema.

Embora, às vezes, tenhamos dificuldade para entender nossos sentimentos por sermos cegos ao que realmente amamos, é cada vez mais comum que a confusão tenha fontes diversas: nossas emoções nunca vêm em um arquivo único! A vida não é tão simples assim. Na grande maioria dos casos, os seres humanos são inundados de emoções diferentes, até mesmo conflitantes. Às vezes, é claro, você pode fazer algumas

52 | ORGANIZE *suas* EMOÇÕES

conexões evidentes e diretas entre uma experiência e a emoção que ela gerou. Você pode, por exemplo, reconhecer que está com raiva porque alguém ignorou seu filho ou o insultou. Ou pode perceber que seu repentino sentimento de tristeza veio do cheiro de bolas de naftalina, que o lembrou da casa que seus avós tinham no campo e do fato de que você nunca mais irá para lá, agora que eles se foram.

Mais frequentemente, porém, você não reage a apenas uma coisa — e mesmo quando reage, existem outras coisas acontecendo em segundo plano. Isso faz com que seja realmente difícil saber o que você está sentindo. Mesmo no aconselhamento, situação em que as pessoas têm o tempo e o encorajamento para desacelerarem e processarem suas emoções, a coisa mais comumente ouvida sobre isso é: "Eu não tenho muita certeza do que estou sentindo neste momento."

A confusão sobre o que você está sentindo e sobre o porquê de estar sentindo o que está sentindo é muito normal. A razão é simples: *você ama muitas coisas*. Se aquilo que você ama e com o qual se importa molda o que você sente, então o fato de você amar *muitas* coisas significa que você estará sempre respondendo a diferentes partes do mundo ao seu redor de maneira simultânea e diversa. Embora você descubra que os cuidados ligados a qualquer coisa na qual tenha focado sua atenção exerça o maior impacto sobre suas emoções, você também descobrirá que outros cuidados e outras situações estão sempre presentes em segundo plano em certo grau.

É por isso que sua reação à sua filha pequena ter derramado o conteúdo do copo dela no chão será diferente em dias diferentes, pois isso está relacionado a diversos fatores: a como você dormiu na noite anterior, aos termos em que você e seu marido estavam quando ele saiu para o trabalho, a como você se sentiu com as fotos de família dos seus amigos no Facebook, ao que você comeu no café da manhã, se você tem uma agenda lotada ou um dia mais tranquilo e assim por diante. Você vai cerrar os dentes ou sorrir e abanar a cabeça com base não apenas em como você se sente em relação ao que sua filha fez, mas também com base nos seus sentimentos sobre todo o resto.

NÃO FUJA DA COMPLEXIDADE

A maioria das pessoas responde a essa complexidade simplificando excessivamente de duas maneiras básicas. Em um extremo, estão aqueles que, em grande parte, ignoram as emoções e simplesmente "seguem em frente" ou "superam" determinada coisa. Essas pessoas tendem a lidar com a vida agindo, concentrando-se no que podem *fazer* e não no que sentem. Às vezes isso se dá porque, após muitos anos, elas nem mesmo estão cientes de que têm emoções. Outras vezes, as pessoas desse grupo sabem que existem emoções flutuando lá dentro de si, em algum lugar, mas persegui-las parece uma perda de tempo. Para elas, a vida é sentida de forma muito mais simples quando você se afasta do mar inexplorado e desconfortável dos sentimentos.

Do outro lado, estão aqueles que simplificam excessivamente na direção oposta. Ao invés de ignorarem as emoções e favorecerem as ações, eles focam intensamente os seus

54 | ORGANIZE *suas* EMOÇÕES

sentimentos — o que tende a dominar todas as outras coisas em suas vidas — e lidam com as emoções caçando um mau elemento em quem possam colocar a culpa. Algumas vezes, essas pessoas condenam a si mesmas como o mau elemento. *Por eu ter tido uma reação emocional negativa,* elas pensam, *deve haver algo errado comigo.* Outras vezes, elas condenam a tudo e a todos ao seu redor (ou ficam alternando entre um e outro). De qualquer forma, em vez de filtrarem os muitos aspectos diferentes da situação na qual a reação negativa delas se baseia — uma noite de sono ruim, uma criança em apuros na escola, um colega de trabalho descortês, a tensão de encaixotar as coisas e se mudar, e assim por diante, são provações reais que *corretamente* perturbam essas pessoas em algum grau —, essa ponta do espectro tem uma abordagem de tudo ou nada. Se há algo de ruim, então tudo é ruim. Se estou errado de alguma forma, estou completamente errado. Se me sinto incomodado por algo que você fez, você é um inimigo perigoso. Pelo fato de essa simplificação exagerada quase sempre deixar passar aspectos do que está acontecendo, mesmo que aquelas pessoas que se inclinam dessa maneira estejam cientes de suas emoções, elas muitas vezes ficam confusas sobre o porquê de se sentirem chateadas.

Para ajudá-lo a ver a importância de *não* simplificar demais, considere Ellen. Ellen estava se sentindo chateada porque, embora sua filha estivesse na reta final do último ano do Ensino Médio, ela não parecia sentir nenhuma alegria ou animação pela garota. Quando sua filha escolheu um vestido para o baile de formatura, assinou os anuários, viajou com sua turma do último ano e contou os dias até a formatura, Ellen se condenou vez após vez com um julgamento autoimposto: "Você é uma mãe terrível e fria".

O problema com o julgamento que ela imputou a si mesma era que ele continha uma brecha enorme. A razão pela qual Ellen não podia entrar na alegria de sua filha prestes a se formar era porque sua outra filha estava enfrentando uma grande e extremamente dolorosa cirurgia, para corrigir os problemas de uma cirurgia anterior que havia dado errado. Sem perceber, Ellen *estava* realmente feliz e entusiasmada por sua filha, mas essa alegria estava tão afogada pela preocupação e pelo medo por sua outra filha, que ela mal estava ciente dessa felicidade. Ela ama profundamente ambas as meninas, mas a gravidade do estado de saúde da filha doente era tamanha que sua atenção estava compreensivelmente absorvida ali. Então, Ellen sentia constante culpa e tristeza por estar falhando com a filha que estava feliz.

Ellen, veja, estava realmente desconfortável com a ideia de que poderia ter múltiplas emoções ao mesmo tempo. Sabendo, tanto pela Bíblia quanto por seus próprios instintos, que ela deveria "alegrar-se com aqueles que se alegram", ela interpretou a mistura de alegria e tristeza como um fracasso em se alegrar e, portanto, em última análise, um fracasso em amar sua filha que se formava. Parecia simples e condenatório: ela *deveria* ter se sentido animada por sua filha mais velha, ela *queria* estar animada com ela, mas *não estava* sentindo uma animação fácil e constante; ela estava permitindo que sua "negatividade" a dominasse e a fizesse *concluir* que ela era uma

56 | ORGANIZE *suas* EMOÇÕES

mãe ruim. Caso encerrado. O resultado foi uma grande tragédia: as emoções de Ellen estavam agora misturadas em um fluxo constante de culpa que a confundia ainda mais e estava envenenando tanto sua alegria piedosa por uma filha quanto sua tristeza piedosa pela outra!

JESUS TINHA EMOÇÕES MISTAS

O próprio Cristo não era um estranho às emoções mistas. Isso não deveria ser surpresa: como Jesus amava de forma perfeita seu Pai e seus companheiros humanos, deveríamos esperar que ele tivesse experimentado emoções mais intensamente mistas do que qualquer outra pessoa. Ele deve ter ficado mais irado do que qualquer um na presença do mal, e mais exultante do que qualquer pessoa ao testemunhar o fruto do Espírito. E isso é exatamente o que encontramos.

Pense mais uma vez sobre a dor de Jesus no túmulo de Lázaro. Jesus amava Maria, por isso lamentou a perda dela. Mas ele também odiava o pecado e a morte, por isso sentiu uma ira profunda. Além disso, ele já havia dito aos discípulos que esse milagre seria uma grande bênção para a fé deles e, por ele também os amar, sentiu certo nível de animação em segundo plano pelo bem que isso lhes traria.

Considere Mateus 23, em que Jesus ataca os fariseus e os mestres da lei devido à hipocrisia e ao coração duro deles com sua reprimenda mais extensa e semelhante a um martelo de forja. Mas então, após cerca de trinta versículos de intensa crítica, Jesus dá voz a um dos lamentos mais pungentes de toda a Escritura, seu coração transbordando de compaixão pelas

As emoções não vêm em um arquivo único | 57

mesmas pessoas que ele acabara de repreender: "Jerusalém, Jerusalém, que matas os profetas e apedrejas os que te foram enviados! Quantas vezes quis eu reunir os teus filhos, como a galinha ajunta os seus pintinhos debaixo das asas, e vós não o quisestes!" (Mt 23.37). Seu amor pelo povo de Deus o leva a ficar furioso com a corrupção de seus líderes. Esse mesmo amor simultaneamente o leva a lamentar profundamente que esses líderes estejam cegos para o que poderia curá-los. Isso é ira a todo vapor, compaixão de doer o coração e tristeza profunda que brota do coração de Jesus para o mesmo povo!

Nós poderíamos fornecer muito mais exemplos, mas o resumo é este: emoções mistas são a resposta *correta* a um mundo confuso. A vida neste mundo significa que as glórias deleitosas do trabalho das mãos de Deus sempre têm o respingo da lama do pecado e do sofrimento.

Ao se martirizar por não estar sentindo nada menos do que uma felicidade despreocupada por sua filha, minha amiga Ellen estava lutando contra a realidade de que a alegria pelo que é bom e o pesar ou a preocupação pelo que é mau podem e devem coexistir no mesmo coração. É claro que enxergar tudo isso levou um tempo. A princípio, Ellen embrulhou todos esses sentimentos em uma palavra, dizendo que se sentia "confusa". Esse foi um bom resumo. O que a ajudou foi o entendimento de que ela não tinha que sentir apenas uma coisa; que ela, na verdade, estava certa em lamentar-se e em regozijar-se, e que seu regozijo não estava errado por ser manchado pelo pesar. Ao compreender isso, Ellen começou a buscar oportunidades de compartilhar da empolgação de sua filha quando possível sem

58 | ORGANIZE *suas* EMOÇÕES

tentar banir o pesar e a preocupação que sentia pela outra. Isso era difícil, claro, mas era uma mudança que ela precisava fazer. Ela abriu mão do objetivo impossível e sem serventia de não ser afetada pela dor da sua filha mais nova e, ao contrário, estabeleceu o objetivo desafiador, porém valioso, de amar e viver com duas filhas queridas ao mesmo tempo.

Para alguns, a ideia de que sentimos todo tipo de coisas ao mesmo tempo vai parecer estranha ou até mesmo errada. Outros vivem em um caleidoscópio de emoções em constante movimento, e nada poderia ser mais óbvio do que o fato de que essas pessoas sentem muitas coisas ao mesmo tempo. No entanto, ainda assim, a mistura de emoções parece uma coisa ruim, e tais pessoas lamentam sua incapacidade de sentir o que certamente as pessoas "normais" sentem (ou seja, uma coisa de cada vez, nada muito esmagador).

A realidade contraintuitiva é que a alegria e a tristeza podem realmente se misturar profundamente. Você tem permissão para sentir um profundo pesar e uma profunda alegria ao mesmo tempo. Os cristãos são chamados a se entristecer com esperança (1Ts 4.13). Compaixão e ira, alegria e pesar, vários tipos de sofrimento e mais uma centena de emoções precisam ser capazes de fluir juntas, como muitas vezes aconteceu com Jesus.

AS EMOÇÕES SE MISTURAM COMO CORES DE TINTA

Pense desta forma: as emoções humanas se misturam de modo muito semelhante a fios de tinta fluindo para dentro de um balde. Você já esteve em uma loja de material de

As emoções não vêm em um arquivo único | 59

construção ou em uma loja de tintas e solicitou uma cor personalizada? Quando você pede Evergreen ou Colonial Blue, o técnico de pintura pega seu balde de tinta branca, coloca-o sob uma máquina e digita o código para a tonalidade desejada. Em seguida, o computador diz obsequiosamente a vários recipientes de tinta para despejarem quantidades específicas de cor densa em seu balde. Quando o computador atinge a quantidade exata de cada corante, ele se desliga e, *voilà!*, você tem seu galão de tinta personalizada. Um toque a mais de preto ou uma gota a menos de carmesim e você teria alguma outra cor a uma tonalidade de distância.

Seu estado emocional é como aquele balde de tinta com corantes que jorram de seu coração. Seu coração está derramando uma cor de emoção (às vezes como uma gota, às vezes como uma torrente) para cada cuidado que você tem. A máquina na loja de tintas tem apenas alguns bicos, é claro, mas seu coração tem milhares de tubos diferentes carregando cor para a mistura do que você sente.

Assim, suas emoções em um determinado momento são uma mistura das suas respostas a tudo à sua volta! Você é influenciado se está ensolarado ou nublado, se seu emprego vai bem ou mal, se seus colegas de trabalho são fáceis de lidar ou se são esquivos, se seus filhos dormiram bem na noite passada ou se acordaram muitas vezes, se você teve um tempo devocional revigorante que suavizou seu coração em direção ao Senhor ou se você leu uma passagem que o confundiu e chateou (ou se você não abre a Bíblia desde que tinha quatorze anos e estava no acampamento de verão). Suas emoções estão respondendo

60 | ORGANIZE *suas* EMOÇÕES

ao tom de voz que sua mãe usou ao telefone na semana passada quando ela perguntou sobre aquela situação atual delicada, também estão respondendo aos seus próprios pensamentos sobre onde você estará daqui a dez anos, ao trânsito, à estação do ano, à probabilidade de ter tempo para jogar seu novo jogo de tabuleiro, a quanto tempo você terá para trabalhar na marcenaria, se aquele vestido novo veste tão bem quanto você achou que vestiria, a quanto você deve em impostos (e quanto tempo você tem para entregar a declaração de Imposto de Renda!), se Deus existe ou não e o que isso tem a ver com você, se seu sanduíche no almoço está muito insosso ou muito apimentado, e assim por diante.

A lista de coisas às quais nosso coração está reagindo é literalmente sem fim. Obviamente essas questões não são todas do mesmo tamanho, e a quantidade de cor derramada de seu coração e em seu balde variará enormemente com base no quão importante é para você que seu sanduíche tenha um gosto bom, ou que sua mãe pense bem de você, ou que você tenha um relacionamento com o Deus do universo. A questão, por enquanto, é que cada uma dessas preocupações é um pequeno jato de cor pingando, ou jorrando, em seu balde de tinta emocional.

Agora, o problema é o seguinte: por mais que muitos fios estejam entrando, tudo isso está sendo misturado. Ao contrário da loja de tintas, não há um fechamento para esse processo; seu coração nunca vai parar de derramar emoção em sua vida! Tubos específicos podem se desligar por um minuto ou uma década, mas seu coração sempre estará derramando muitos fios, porque você sempre vai se importar com o que lhe acontece e

As emoções não vêm em um arquivo único | 61

o que acontece ao seu redor (como dissemos no capítulo anterior). No fim das contas, a forma como você reage à pergunta *Como você se sente?* será sua tentativa de capturar todas aquelas cores que rodopiam e se entrelaçam em um grande resumo. E, assim como qualquer pessoa que já tenha olhado para um mostrador de lascas de tinta e se perguntado: "Isso é laranja? Ou marrom? Ou, eu acho, bege? O que você acha?", tentar encaixar um nome em uma mistura não é tarefa fácil, mesmo quando essa mistura não muda constantemente.

Vejamos um exemplo de como isso poderia acontecer na vida real. Imaginemos três pessoas diferentes fazendo alguma tarefa cotidiana, como lavar pratos — não é o tipo de coisa que a maioria de nós pensaria como uma experiência emocional. Observe como mesmo algo tão normal como uma tarefa doméstica diária pode ser um caldeirão para todos os tipos de emoções.

Primeiro, imagine uma jovem mulher cuja companheira de quarto acabou de se mudar há algumas semanas. Ela pode se descrever como se sentindo sozinha. Pratos tilintando e água corrente soam mais alto em um apartamento que, de alguma forma, agora parece mais vazio. Ter menos pratos na pia a faz lembrar que ela está sozinha. No entanto, embora ela admita isso apenas para si mesma, ela também fica aliviada porque acabou o incômodo de uma colega de quarto bagunceira que muitas vezes deixava seus pratos na pia. Menos pratos não são apenas um lembrete de estar sozinha, mas também um símbolo de nova liberdade, privacidade e ausência de aborrecimentos. *Mas quem se sente feliz em se livrar de uma companheira*

62 | ORGANIZE *suas* EMOÇÕES

de quarto perfeitamente doce?, ela se pergunta, e a torneira da culpa também se abre. Solidão, animação aliviada e culpa — não é um simples molho de se cozinhar.

O segundo esfregador de pratos é um homem casado, e seu balde emocional está se enchendo de fúria mais rápido do que a pia está se enchendo de bolhas de sabão. Você não iria querer ser aquele pote que ele está atacando com a esponja. Ele está esfregando com raiva porque ele e sua esposa acabaram de brigar e, em sua cabeça, ele está repassando o acontecido vez após vez, alheio à tensão de cada músculo e a estar esfregando os copos com força o suficiente para quebrá-los. *E de novo ela transformou uma coisa trivial em algo enorme*, ele pensa. *E de novo* ela não ouviu o lado dele. Não é que a briga tenha sido tão horrível; é que aconteceu *de novo* e, mesmo que ela tenha começado a briga, agora ele tem que lidar com ela deprê *de novo*, sabe lá Deus por quanto tempo. Mas ele também está assustado. O aniversário de casamento deles é sábado e ele gastou uma quantia significativa de tempo e dinheiro planejando um final de semana fora. Se eles viajarem com aquele clima, o final de semana será péssimo, e ele tem tido grandes expectativas de que esse fim de semana ajude o casamento deles e alivie a tensão que parece sempre estar presente nos últimos tempos. As louças que esse homem está lavando (a primeira que ele lava em um bom tempo) são, em parte, saco de pancada, oferta de paz e válvula de escape para uma energia nervosa.

Finalmente, imagine uma jovem mãe de três filhos na pia, com um pano de boca enfiado no bolso de trás da calça e uma criança pequena agitada agarrada a sua perna. Se você lhe

As emoções não vêm em um arquivo único | 63

perguntar o que ela está sentindo naquele momento e ela tiver tomado café suficiente aquela manhã para formar uma frase coerente, ela poderia dizer: "Eu não tenho *tempo* para sentir qualquer coisa. Você poderia me passar o pano de prato por favor? Está ali onde o suco de laranja foi derramado." Suas louças dançam na pia em um borrão, mas ela está sentindo (embora não esteja conscientemente pensando em) quão fútil é limpar qualquer coisa, pois tudo ficará sujo novamente. As louças dessa mulher são um emblema do cansativo e monótono estresse da vida. Ao mesmo tempo, elas representam a realização do sonho da vida dela de ser mãe. Sua vida, assim como sua tentativa de fazer caber os potinhos sujos de bolo de aveia e os copinhos das crianças na lava-louças, é um constante rodopiar de satisfação diante de tarefas tangíveis cumpridas, frustração com bagunças e agito, jogando as mãos em exasperação diante de uma lista de afazeres que nunca acaba ou diminui. Ela se sente sobrecarregada (um sentimento que seu corpo privado de sono está apenas feliz demais para amplificar), ao mesmo tempo em que sente uma genuína felicidade por estar com seus filhos e formando um lar para sua família, e decepção pelo fato de a maternidade não ser da forma como ela havia sonhado.

É realmente complicado, não é? Mesmo em todas as coisas acontecendo nessas três histórias, estamos apenas arranhando a superfície. Identificamos apenas alguns cuidados importantes e especialmente relevantes aos quais cada pessoa está respondendo. Não falamos nada sobre a infância delas, a fé, o país em que vivem e assim por diante. A maneira como

64 | ORGANIZE *suas* EMOÇÕES

essas pessoas respondem a esses fatores e mais mil outros serve para determinar a tonalidade exata de suas emoções.

De tempos em tempos, é claro, um aspecto de seu mundo toma o centro do palco, e uma única emoção domina. Casamentos, funerais, presentes especiais de aniversário e perder a bolsa têm uma maneira de captar toda sua atenção. No entanto, mesmo esses surtos repentinos de uma só cor esmagam e definem a mistura por apenas um momento; eles não se derramam em um balde vazio. Cada um de nós contém uma piscina emotiva que tem recebido esguichos de tinta desde o dia em que nascemos!

PARA ONDE IR A PARTIR DAQUI

No próximo capítulo, veremos como nossos sentimentos nestes corpos físicos criados por Deus podem tingir ainda mais a mistura de cores em nosso balde. Por ora, no entanto, precisamos simplesmente entender duas coisas claramente.

Primeiro, queremos entender o máximo que pudermos sobre qualquer coisa em nossos baldes emocionais. Quanto mais soubermos sobre o que está acontecendo no balde de nossos sentimentos, mais capazes seremos de compreender o que está acontecendo em nossos corações e em nossos amores. Cada pedacinho ajuda. Em segundo lugar, porém, precisamos nos lembrar de que nunca iremos compreender exaustivamente todas as correntes que partem de nossos corações para nossas emoções, e não precisamos! Em vez disso, a única coisa que precisamos fazer é levar a Deus tudo o que conseguimos compreender e confiar a ele todos os cantos escondidos de nossos corações, amores e sentimentos que não podemos ver, mas que ele conhece perfeitamente. A Parte 2 desse livro se concentrará em como fazer isso em profundidade, e estamos chegando lá! Temos apenas algumas últimas peças da fundação para colocar.

PERGUNTAS PARA REFLEXÃO

Ao encarar seus próprios sentimentos:

1. Quais fios de emoção que estão sendo derramados em seu balde emocional hoje você é capaz de citar?

2. A ideia de sentir muitas coisas ao mesmo tempo o sobrecarrega? Parece-lhe falsa? Dá uma sensação de liberdade? Por quê?

3. Se você não consegue identificar nenhuma emoção em si mesmo, pergunte ao seu cônjuge, a um líder da igreja que o conhece ou a um ou dois amigos próximos quais emoções eles têm visto em você ou o que eles supõem que você tem sentido. A resposta deles faz sentido para você? Por quê?

Ao ajudar os outros:

1. Como você explicaria a alguém o motivo pelo qual não é apenas inevitável, mas realmente bom que ele ou ela sinta um misto de emoções?

2. Quais são os perigos de ignorar a natureza mista das emoções de uma pessoa? Quais são os perigos de tentar infinitamente identificar cada fio derramado no balde?

4
As emoções acontecem em seu corpo

A complexidade das emoções significa que, literalmente, inúmeras coisas as impactam. Já mencionamos o clima, o tom de voz do seu cônjuge e os prazos dos impostos, apenas para citar alguns. Porém, duas influências em particular (exceto o próprio Deus) se destacam especialmente devido à constância da influência que exercem em nossas vidas desde o dia em que nascemos até o dia em que morrermos: o nosso corpo e as nossas comunidades. Utilizaremos os dois próximos capítulos para olhar de perto esses dois aspectos da existência humana e como cada um deles interage com as nossas emoções. Este capítulo irá focar o corpo.

O CORPO IMPORTA

Suas emoções não acontecem no abstrato; elas acontecem *em seu corpo*. Responder com emoção a algo causa, literalmente,

68 | ORGANIZE *suas* EMOÇÕES

uma reação física em sua pele, em seu cérebro e em seu sangue. Você já parou para refletir sobre quão estranho e quase mágico é isso? Alguém pode dizer palavras em um telefone a milhares de quilômetros de distância e fazer os pelos da parte de trás do seu pescoço ficarem em pé. A simples visão de uma fotografia pode chegar ao seu peito e fazer seu coração bater acelerado. O fato de podermos alterar o fluxo do sangue e a química cerebral de outra pessoa usando meras sílabas é um testemunho de quão profundamente Deus nos fez criaturas com significado; seres cujas vidas e cujos amores são importantes. Nossos corpos são os mensageiros de nossas almas e clamam em voz alta, vez após vez, que nos preocupemos profundamente com o propósito, o resultado e as experiências de nossa vida.

Nesse sentido, seu corpo age como um outdoor, exibindo suas emoções para você e para o mundo — quer você queira ou não. Seu corpo claramente fica preocupado se não captar sua atenção, pois, nesse caso, você poderá não ouvir as mensagens de seu coração. Suas emoções estão sempre se tornando físicas, pendurando sinais piscantes sob a forma de carrancas, sorrisos, lágrimas, suor, batimentos cardíacos acelerados, adrenalina crescente, temperaturas corporais elevadas, maxilares cerrados, ombros tensos e pupilas dilatadas, anunciando que alguma coisa aconteceu com algo que importa para você. Não é por acaso que tantos clichês sobre emoções são descrições de algo acontecendo com seu corpo; todos sabemos o que significa quando alguém empalidece, quando alguém tem uma sensação de ansiedade na "boca do estômago" ou quando o corpo de alguém se sente leve e energizado o suficiente para ela dizer que está "andando nas nuvens".

A influência entre as emoções e o corpo, no entanto, vai em ambas as direções: não apenas nossas emoções podem provocar mudanças físicas em nosso corpo, mas mudanças em nosso corpo físico podem ter um impacto em nossas emoções. De fato, *qualquer coisa* que nos aconteça fisicamente é susceptível de ter algum efeito sobre o que sentimos. Por exemplo, você já caminhou até a geladeira e sentiu a agradável antecipação de um bom lanche se transformando em uma pequena raiva por algo como dar uma topada com o dedo do pé na mochila que seu colega de quarto deixou no caminho? É incrível como uma simples dor em apenas um dedo de um de seus pés pode drenar a alegria e inundar sua mente de ira pela falta de organização e consideração do seu companheiro de quarto.

CORPOS SÃO ALGO BOM

É mais fácil pensar em maneiras *negativas* de seu corpo poder afetar suas emoções, mas isso não significa que o impacto de seu corpo seja sempre um problema! Pelo contrário, conforme o senso comum sugere, exercícios regulares, sono suficiente, estar aquecido (ou fresco) o suficiente, ter a barriga cheia (mas não empanturrada) e uma centena de outras experiências fisiológicas facilitam o alinhamento de nossas emoções com as de Deus. Embora nossas dores também possam nos atrair a ele, algo sobre o qual falaremos mais na Parte 2, vale a pena lembrarmos do óbvio: corpos saudáveis tendem a amplificar a adoração saudável. É demasiadamente fácil esquecer que os

70 | ORGANIZE *suas* EMOÇÕES

cristãos têm todos os motivos para serem gratos pela escolha de Deus de vestir nossa alma em carne e osso, mesmo quando se trata de nossas emoções.

Isso é importante porque os cristãos têm experimentado a tendência de ter um relacionamento desconfortável com corpos. A maioria dos cristãos suspeita de desejos e sentimentos que venham primeiramente do nosso corpo e, sejamos honestos, isso é compreensível. Todos nós temos preguiça ao sair da cama, comemos um biscoito a mais, falhamos em verificar as palavras iradas que jorram de nossas bocas ou nos encontramos cultivando alguma tentação sexual secreta e persuasiva. Nossos desejos corporais frequentemente nos colocam em problemas.

Assim, embora estejamos certos em suspeitar da forma como nosso corpo nos puxa para longe de Deus como resultado da queda da raça humana em pecado, é igualmente importante nos lembrarmos de que nosso corpo é bom! Ter um corpo humano foi ideia de Deus, e ele pronunciou que isso era "bom", assim como o resto da existência criada. Ter emoções que motivam nosso comportamento não é um produto de sermos pecadores. Você foi *criado* para desejar e para ter emoções. Logo, o problema não é que seu corpo tenha emoções, mas que o seu corpo, assim como a sua mente, sua alma e sua força foram afetados pelo pecado, e isso exerce um efeito distorcido sobre suas emoções.

Em suma, apesar de nos concentrarmos nos problemas que nosso corpo causa aos nossos sentimentos, queremos que você tenha em mente a certeza de que nosso corpo não é motivo de vergonha nem é fundamentalmente um problema. Na bondade de Deus, ele conectou nossas emoções para constantemente capturarem a nossa atenção (de forma bastante dramática às vezes) e mantê-la onde ela precisa estar. Sem corpos cheios de emoção, colocaríamos muito menos esforço nos relacionamentos (tristeza, raiva, felicidade, riso etc., tudo isso nos impulsiona a amar os outros), em buscar a Deus (tanto o amor a Deus quanto o amor ao próximo exigem emoção por definição) e em adorá-lo (gratidão, temor, deleite e lamento são emoções que impulsionam nosso louvor).

CORPOS FALHAM

Nosso ponto de partida, portanto, é que o corpo é bom, nossa experiência física de emoções é boa e, até mesmo, nossa capacidade de sentir as emoções negativas em nosso corpo é uma boa parte do desígnio de Deus sobre nós como portadores de sua imagem. Dito isso, estamos todos muito conscientes de que as contribuições do nosso corpo às emoções *nem* sempre levam ao bem. Portanto, vejamos as três maneiras básicas pelas quais nossa fisiologia pode prejudicar nossas emoções.

Rápido demais ou devagar demais

As emoções são instintivas; quase nunca escolhemos conscientemente o que sentir (e raramente somos bem-sucedidos quando tentamos). Esse é outro aspecto bom e correto do desígnio de Deus! Você foi feito para viver por amor. Quanto mais você ama, mais vai responder imediatamente quando algo afeta o que você ama. Assim, quando o medo catapulta você mais rápido do que o pensamento em direção ao seu filho pequeno que está atravessando a rua, você está experimentando a

72 | ORGANIZE *suas* EMOÇÕES

bênção de Deus das emoções instintivas. (Veremos mais sobre a natureza instintiva das emoções no capítulo 6.)

Algumas vezes, no entanto, elas vêm rápido demais. Um gatilho trivial (o cheiro do café sendo passado, carros mudando de faixa muito rapidamente, um rosto ou uma voz semelhante à de um agressor etc.) pode evocar uma intensa resposta antes mesmo de você saber o que foi o gatilho. Tais reflexos instantâneos se desenvolvem com mais frequência ao longo do tempo em resposta ao sofrimento severo ou crônico. Nosso corpo, dada a prática, aprende a ativar um alerta vermelho à mais leve provocação, e, bem, ele deveria! Deveríamos ficar horrorizados com o que é horrível, lutar ou fugir do que é perigoso e exultar com o que é glorioso.

Eu (Alasdair) me lembro de uma situação particular de aconselhamento em que alguém me enviava e-mails acusatórios frequentes aos quais eu precisava responder. No decorrer de uma mera semana, cheguei ao ponto em que meu coração corria e quase pulava fisicamente toda vez que *qualquer* novo e-mail aparecia na minha caixa de entrada. Meu corpo tinha se ajustado a uma situação na qual o que eu valorizava (estar em paz nos relacionamentos, não ter pessoas zangadas comigo etc.) foi ameaçado, então meu ritmo cardíaco e minha tensão muscular começavam a entrar em ação antes mesmo que meu cérebro pudesse processar o nome do remetente do e-mail em minha tela.

Por outro lado, algumas vezes, as emoções vêm muito devagar ou nem chegam a vir. Assim como no caso de um severo trauma físico, nosso corpo pode entrar em choque, ter uma dor amortecida, diminuir o fluxo sanguíneo e desligar

As emoções acontecem em seu corpo | 73

funções não vitais, de forma que suas emoções essencialmente se desligam na percepção de uma dor ou ameaça. É isso que está ocorrendo quando uma mulher parece estar surpreendentemente bem logo após a morte do seu marido enquanto cuida de seus filhos, organiza os detalhes do funeral, vai trabalhar, mas então desaba completamente nove meses depois. Esse tipo de reação atrasada também pode acontecer em uma escala menor. Eu (Alasdair) lembro-me de ir almoçar com uma garota por quem eu tinha uma queda, apenas para ouvi-la despejar uma bomba me contando que havia começado a namorar outra pessoa na noite anterior. Durante o restante do almoço, eu consegui manter a conversa, mas eu tinha morrido emocionalmente e não seria capaz de contar a você uma palavra sequer do que eu e ela conversamos nem se minha vida dependesse disso. Só depois que eu a deixei em casa uma hora mais tarde é que o pesar, a frustração, o embaraço e outras coisas do tipo me inundaram.

Em resumo, Deus nos criou para reagirmos ao mundo ao nosso redor *no momento*, com nosso corpo e nossa mente respondendo à construção que fazemos de como a nossa situação está afetando as coisas que mais amamos.[1] Quando nosso corpo apressa ou atrasa aquela reação, começamos a nos desviar e

---

1 Nós apreciamos a linguagem de Robert C. Roberts em "construção" sobre como a nossa perspectiva molda nossas emoções. Roberts define as emoções como "construções baseadas em afetos", o que significa que nossos afetos (o que chamamos de "amores") se tornam emoções baseado em como nós interpretamos nossa situação. Para os leitores interessados em um exame mais filosófico e técnico sobre a intersecção da emoção e a fé cristã, nós recomendamos Roberts, *Spiritual Emotions: A Psychology of Christian Virtues* (Grand Rapids, MI: Eerdmans, 2007), Kindle.

74 | ORGANIZE *suas* EMOÇÕES

perder o ritmo da realidade, e nossas emoções começam a nos puxar para longe da obediência adoradora e confiante, ao invés de nos puxar em direção a ela.

Demorado demais ou rápido demais

Assim como a velocidade com que nossas emoções vêm (ou não vêm) pode causar problemas, o mesmo pode acontecer com a duração da estadia delas. Como Deus nos deu emoções para energizar nossa obediência, é um problema quando essa energia nos abandona antes de termos seguido completamente ou quando continua bombeando e alimentando a ação após a necessidade dessa obediência em particular ter passado. Todos nós experimentamos as duas coisas.

As emoções se dissipam muito rapidamente o tempo todo. Pense, por exemplo, na última vez que você se inspirou para limpar seu escritório ou sua geladeira, para ligar para um velho amigo ou para fazer uma doação para aquele fundo de auxílio contra furacões. Por vezes demais, em algum lugar entre sentir essa sensação de que *"eu realmente deveria fazer essas coisas"* e de fato executá-las, a emoção perde força e você se distrai ou pensa *"talvez mais tarde"*. Infelizmente, descobrimos que as emoções essenciais à fidelidade cristã, como compaixão, esperança e encorajamento, *são especialmente difíceis de sustentar*. A compaixão, muitas vezes, cede antes de tomarmos todas as medidas necessárias para aliviar o sofrimento na vida de outra pessoa (a ação para a qual a compaixão nos pressiona), e a esperança e o encorajamento muitas vezes desaparecem antes de termos perseverado ao longo de épocas difíceis (para as quais a esperança e o encorajamento nos cingem). Com muita frequência, nossa experiência fisiológica das emoções que nos mantêm derramando nossa vida por nosso Senhor é *pulverizada* e nos abandona antes de dar frutos comportamentais. Nosso corpo, ao que parece, está ansioso demais para parar de alimentar comportamentos que causam desconforto, inconveniência ou sacrifício.

Por outro lado, muitas emoções, especialmente o medo e a raiva, têm o hábito de permanecer em nossas veias muito tempo após o irritante comentário de um colega de trabalho ou o quase acidente·com outro veículo na rodovia ter sido esquecido. Todos nós já tivemos a experiência de nosso coração continuar batendo com mais força do que o normal uma hora após algum susto repentino, embora não estivéssemos correndo mais nenhum perigo.

Comigo (Alasdair), na verdade, isso aconteceu enquanto eu trabalhava neste capítulo. Minha esposa e eu deixaríamos nossos filhos com os pais dela por dois dias enquanto nós daríamos uma escapada *tão esperada* de dois dias. No entanto, deixar as crianças foi um pouco estressante; eu saí correndo do trabalho sem arrumar minha mente ou minha mesa para encontrar Lauren, nossos filhos e os pais dela para irmos a um evento aberto ao público na escola das crianças, onde corremos, de sala em sala, passando por birras e assim por diante. Depois de algumas instruções de despedida aos pais de Lauren (o macarrão com queijo está na prateleira inferior da despensa; a chupeta está no armário do meio, perto do micro-ondas; desculpe não termos conseguido chegar na bagunça do porão;

76 | ORGANIZE *suas* EMOÇÕES

e assim por diante), finalmente estávamos na estrada, indo para um jantar agradável, respirando profundamente e relaxando em liberdade! Pelo menos era isso que eu deveria estar sentindo. Em vez disso, eu também me peguei a cada três minutos, mais ou menos, dirigindo rápido demais, encurvado para frente ao volante e com tensão em todos os músculos. Lá pela quinta ou sexta vez que eu percebi o que estava fazendo, me policiei e diminuí a velocidade; caiu a ficha que, embora não houvesse razão para a pressa ou estresse, meu corpo ficou preso ao estresse das últimas horas e meu coração estava batendo acelerado, alheio à minha situação atual.

Embora a maioria de nós superará pequenos incidentes como esses em questão de minutos ou horas, assim como eu fiz, algumas emoções podem acabar penduradas por meses ou até mesmo anos como um hóspede estranho que você não consegue persuadir a sair de casa. Isso é mais comum e debilitante quando flui de alguma experiência de vida severa e traumática (o nome atual para essa antiga experiência humana é transtorno de estresse pós-traumático, ou TEPT), em que as pessoas ainda se encontram respondendo a todo o vapor, com reações de luta e fuga, diante de gatilhos que carregam qualquer semelhança com a situação horripilante inicial. Nosso corpo é treinado com muita facilidade.

Em resumo, quando nossas emoções drenam muito rapidamente ou ficam estagnadas, nosso corpo nos atrapalha em vez de nos ajudar a responder às situações. E somos mais dependentes da ajuda física que recebemos das emoções do nosso corpo do que pensamos.

Demais ou de menos

A intensidade com que nossas emoções vêm, a despeito de quão rápido elas vêm ou de quanto tempo duram, também é importante. Embora não estejamos sugerindo que a força ou a fraqueza das emoções de diferentes pessoas tenha uma causa puramente, ou mesmo principalmente, biológica, é difícil negar que algumas pessoas parecem sentir as emoções em seu corpo muito mais fortemente do que outras. Por mais que suas emoções se desenvolvam, algumas pessoas as veem sendo varridas para dentro de si como inundações repentinas, enquanto outras dificilmente experimentam uma oscilação, mesmo em resposta a eventos significativos.

Vejamos primeiro o lado "demais" do espectro. Emoções exageradamente fortes tendem a se manifestar de duas maneiras básicas. Algumas pessoas encontram suas emoções mudando constantemente; quando as emoções vêm, elas simplesmente vêm com força. A ansiedade intensa pode dar lugar a uma ira elevada e, depois, cair em um desespero desolador no decorrer de uma tarde ou mesmo de uma hora, tudo desencadeado por um incidente relativamente pequeno. Mais uma vez, muitos fatores estão em jogo, mas é significativo que seu corpo possa se tornar acostumado a pulverizar as emoções como uma mangueira de incêndio sempre que a torneira se abre.

Em outros momentos, porém, ao invés de uma mangueira de incêndio, seu coração pode derramar uma cor constante e implacável em seu balde de tinta emocional que afoga todas as outras correntes de sentimento, não importa como as coisas mudem ao seu redor. Por exemplo, se sua glândula tireoide

78 | ORGANIZE *suas* EMOÇÕES

funcionar mal, seu corpo derramará em você a experiência física de uma depressão roxa escura, independentemente do que estiver acontecendo em seu coração ou em suas circunstâncias. Você pode amar Jesus, ou o dinheiro, ou história da arte, mas sua energia física e sua flutuabilidade emocional não serão levantadas pelo evangelismo bem-sucedido, por um grande salário ou por ver *Palheiros no Pôr do Sol*, de Monet.[2]

Um caso mais bizarro de o próprio corpo ficar preso a uma única emoção é a mania. Embora a desordem bipolar seja complicada e esteja longe de estar totalmente compreendida, uma maneira de conceituar os devastadores episódios maníacos que causam estragos é dizer que a mania essencialmente se fecha em um sentimento de confiança impetuosa, até suprema. É como se, na mania, seu corpo estivesse irradiando a mensagem de que nada e nenhum plano que se ascenda em sua mente poderia dar errado. Isso nos ajuda a entender por que, em episódios maníacos, as pessoas correm tantos riscos tolos, agem de forma sexual e gastam quantias de dinheiro ruinosamente irresponsáveis. Elas parecem incapazes de imaginar que qualquer uma dessas coisas poderia voltar para assombrá-las. A mania dessas pessoas as deixa sentindo-se, mesmo fisicamente, tão seguras da bondade de seu desejo que vão se precipitando pelas barricadas e pelos sinais de alerta até voarem do penhasco e se chocarem com uma depressão sombria.

---

2 Um excelente recurso sobre depressão de todos os tipos é Edward T. Welch, *Depression: Looking Up from the Stubborn Darkness*, publicado originalmente como *Depression: A Stubborn Darkness—Light for the Path* (Greensboro, NC: New Growth, 2004).

As emoções acontecem em seu corpo | 79

Assim como as emoções podem vir muito fortes, elas também podem vir muito fracas. As pessoas podem ficar entorpecidas com o tempo, descobrindo que nem os eventos familiares alegres nem as tragédias pessoais parecem ter muito impacto em seu estado de espírito. Isso é mais comum em pessoas que se descreveriam como significativamente deprimidas, mas pode ser simplesmente uma sensação crescente de afastamento do mundo ou de esgotamento diante do estresse sem fim da vida.

Curiosamente, a dormência cinza, com sua perda de emoção forte, é um *efeito colateral* frequente de alguns antidepressivos. É como se o medicamento, a fim de proteger seu corpo de cair em buracos emocionais, condensasse todas as suas emoções em direção às experiências cotidianas sentidas no decorrer da vida. Muitas pessoas descobrem que um antidepressivo corta os devastadores pontos baixos, e são gratas por isso, mas muitas vezes descobrem que a felicidade sem restrições e sem limites também foi eliminada.[3]

O resultado final é o seguinte: seu corpo está constantemente enviando sinais à sua alma sobre como o mundo se desenrola, e essas mensagens se tornam significativamente problemáticas quando são pressionadas demais — o equivalente glandular de uma tecla de computador que fica preeeesa na posição pressionada. Igualmente problemáticos, porém, são os sinais que não se ativam de forma alguma, como uma tecla de computador que não digita quando pressionada.

---

3 Isso não significa que tomar antidepressivos seja uma coisa ruim! Pelo contrário, significa o que toda medicação psicoativa lhe dirá no rótulo: ela não é um milagre e pode vir com efeitos colaterais. Para muitos, a ausência dos incessantes pontos baixos devastadores é, pelo menos por um tempo, uma troca que vale a pena para a perda de uma euforia ocasional.

80 | ORGANIZE *suas* EMOÇÕES

Algumas vezes, a ligação é menos óbvia

Embora seja útil pensar nas áreas em que as nossas emoções estão claramente chegando muito rápido, muito demoradas ou muito difíceis, os laços de feedback negativo físico-emocional mais comuns são, de longe, ainda mais misteriosos, e as ligações entre corpo, alma e ambiente são ainda menos claras. Ataques de pânico, úlceras, insônias e até mesmo ombros tensos se enquadram nessa categoria. Ataques de pânico, por exemplo, podem ser provocados por eventos específicos (estar em uma multidão, perceber que você está perdido, falar em público etc.), mas mais frequentemente eles atingem a pessoa em momentos estranhos sem um gatilho óbvio. Mesmo quando você consegue fazer uma conexão entre um determinado medo que você teve e seu ataque de pânico, ainda é bastante raro identificar o motivo pelo qual você deixou de se sentir preocupado com algo num dia e passou a ter um ataque de pânico no outro. Nosso corpo simplesmente parece estar com o nosso coração em um ciclo de feedback que muda e diminui imprevisivelmente ao longo do tempo.

Tornemos isso um pouco mais acessível com um breve experimento. Separe cerca de quinze segundos e faça três coisas:

+ relaxe os seus ombros conscientemente;
+ penda sua cabeça vagarosamente para trás o máximo que você conseguir fazê-lo confortavelmente;
+ inspire profundamente várias vezes.

O que você notou? Encontrou tensão nas costas, nos ombros, no pescoço ou no peito? Estava consciente da tensão há

As emoções acontecem em seu corpo | 81

dois minutos antes de parar e fazer esse experimento? Respirar e relaxar seus músculos o deixou se sentindo diferente de alguma forma? Para a grande maioria de nós, o vai e vem entre nosso corpo e nossas alma está acontecendo em segundo plano, e em 99% das vezes não percebemos nada disso. No entanto, cada momento que passamos inconscientemente tensos reforça sutilmente para o nosso corpo que a nossa vida é estressante. Além disso, o resultado natural de seu corpo dizendo sem parar que a vida é estressante é um ciclo de aprofundamento do seu corpo se tornando muito mais tenso.

A lista de influências mútuas entre sua forma física e seus sentimentos pode continuar sem parar. Funcionar com privação de sono ou com fome torna muito mais fácil o sentir-se irritável. Beber álcool torna um pouco mais fácil o sentir uma série de coisas, incluindo relaxamento, felicidade, depressão e indiferença imprudente. A desidratação coloca uma pequena barreira entre você e a sensação de contentamento. Estar cansado ou com sede não faz com que seja correto ser rabugento ou rude, é claro, mas é útil reconhecer que pouquíssimo sono ou pouquíssima água (ou muitos copos de bebida mais forte), ou toda uma série de outros estados fisiológicos e experiências, exercerão uma atração constante sobre nossas emoções e, assim, se tornarão uma fonte de provação e tentação em nossa vida.

Uma palavra muito breve sobre química cerebral

Você deve ter notado que chegamos ao meio do quarto capítulo deste livro e ainda assim não dissemos quase nada sobre o que acontece no cérebro humano quando ele experimenta

82 | ORGANIZE *suas* EMOÇÕES

emoções. Embora isso possa ter sido uma decepção para você, essa foi uma escolha muito intencional de nossa parte.

Ao dizer tão pouco sobre a química cerebral, não estamos negando o impacto do corpo sobre nossas emoções; na verdade, temos enfatizado levar o corpo em consideração! É importante, no entanto, reconhecer duas coisas. Primeiro, embora ambos tenhamos um interesse significativo sobre as descobertas da pesquisa do cérebro, nenhum de nós tem experiência nessa área. Portanto, não queremos dizer mais do que sabemos.

Em segundo lugar e mais importante, porém, vivemos em um momento histórico onde a tendência é a de exagerar o papel do corpo. Felizmente, como grupo, os verdadeiros cientistas e pesquisadores de ponta em psicologia, psiquiatria e neuropsiquiatria fazem reivindicações devidamente limitadas sobre as descobertas de suas novas pesquisas. Eles geralmente são rápidos em reconhecer as limitações sobre aquilo que seus estudos provaram. Linguagens como "nossa pesquisa *sugere*" e "*pode ser o caso* de certos caminhos neurais *desempenharem um papel significativo*" representam humildade. Somos gratos por muitas pessoas estarem estudando o cérebro humano, uma das criações mais surpreendentes de Deus; é especialmente nas dobras de nossa matéria cinzenta que ele misteriosamente entrelaçou nossa alma e nossa carne.[4]

---

4 Um exemplo recente particularmente interessante é o trabalho da psicóloga Lisa Feldman Barret, *How Emotions Are Made: The Secret Life of the Brain* [Como as emoções são criadas: o segredo da vida do cérebro] (New York: Houghton Mifflin Harcourt, 2017). Ela apresenta um forte argumento para as emoções como um "palpite" sobre o estado do nosso corpo, e conclui que os humanos são muito menos racionais do que pensam; ainda assim, "você pode dar passos para

Contudo, precisamos nos lembrar de que entender a mecânica do cérebro *não* é o mesmo que entender como viver corretamente diante do Senhor. Embora isso possa ajudar a saber o que está ocorrendo em nosso cérebro ou em nossas glândulas, os mais profundos *por quês* das suas emoções não são os caminhos neurais pelos quais eles viajam. Ao contrário, os mais profundos *por quês* são as coisas para as quais a Escritura aponta: o amor e a adoração do nosso coração e o fato de você ser portador da imagem de um Deus emocional. Fomos criados para responder com amor ao que é bom e ódio ao que é mau. Nossa biologia neural, portanto, que é tão complexa a ponto de fazer todos os controladores de tráfego aéreo e todos os aeroportos do mundo parecerem um jogo da velha, é meramente um palco no qual encenamos o teatro moral do universo.

Em um nível prático, isso significa que você não fica irado porque teve um pico de adrenalina, seus níveis de serotonina caíram, seu rosto ruborizou e sua respiração acelerou. Ao contrário, você teve um pico de adrenalina, seus níveis de serotonina caíram, seu rosto ruborizou e sua respiração acelerou porque seu bom amigo acabou de criticá-lo na frente de vários outros na igreja; e o seu corpo inteiro, desde as suas glândulas sudoríparas até o fluxo de sangue nos capilares dos seus

---

influenciar suas experiências emocionais futuras, para esculpir quem você será amanhã" (p. 176). O caminho que ela sugere para a autoescultura é controlar cuidadosamente a que você se expõe na vida ao invés de ter o Deus vivo modificando cada um dos amores do seu coração em um relacionamento real de duas vias. Mesmo assim, seu estudo cuidadoso vai na mesma direção da nossa tese de que o crescimento em relação às emoções demanda mudança em quem somos e no que amamos, pois essas coisas moldam o que sentimos.

84 | ORGANIZE *suas* EMOÇÕES

pulmões, está pulsando com seu desejo de se defender. Seu corpo é o veículo pelo qual as paixões da sua alma fluem.

O ponto básico é este: não importa o quanto cheguemos a compreender a biologia dos nossos cérebros, sempre precisaremos lutar contra as nossas emoções como expressões daquilo que amamos. Apesar de o corpo de algumas pessoas ser muito mais sensível às emoções do que o de outras, todos nós experimentamos o benefício (e o problema) de termos nosso corpo atiçado pelo interminável fluxo de nossas emoções. No cerne, lidar com emoções difíceis (ou com a falta delas) sempre volta ao ponto de crescermos em amor pelo que Deus ama, odiarmos o que Deus odeia e de termos um relacionamento com Deus em constante aprofundamento por meio de cada uma de nossas emoções.

Essas são boas notícias! Você não precisa ter um diploma avançado em neurociência para crescer no controle da ira, para aprofundar-se em compaixão, para lamentar com esperança ou para encontrar alegria em meio às provações.

SEU CORPO IMPORTA, MAS ELE NÃO PODE FORÇÁ-LO PARA LONGE DE DEUS

Nós sobrevoamos brevemente por algumas maneiras pelas quais nosso corpo pode afetar a cor das emoções que fluem para o nosso balde emocional. Incontáveis livros e artigos de pesquisa têm sido escritos sobre as maneiras como essas coisas se desenrolam, e incontáveis mais virão. Precisamos nos lembrar de que mesmo quando nosso corpo está influenciando nossas emoções e confundindo a mistura, isso não significa que o nosso coração não importa mais ou que o Deus vivo e sua Palavra precisam sentar-se no banco de trás. Sempre faz a diferença quando trazemos nosso coração a ele e recebemos sua graça, mesmo que essa seja a graça para suportar mais um dia do nosso corpo nos inundando com uma dormência completamente cinza. Deus se deleita na fé e na honra que demonstramos a ele quando buscamos viver em sintonia com o coração dele, não importa quão turbulento ou mal-orientados sejam os nossos sentimentos.

PERGUNTAS PARA REFLEXÃO

Ao Encarar seus próprios sentimentos:

1. O que você observa sobre sua própria experiência física das emoções? Seus ombros estão tensos e apertados neste momento?
2. A ideia de que seu corpo pode influenciar, mas não totalmente controlar suas emoções lhe traz alívio? Isso o encoraja? Por quê?

Ao ajudar os outros:

1. Existem pessoas em sua vida que podem precisar consultar-se com um médico para obterem uma perspectiva médica sobre o estresse, a depressão, o luto, a insônia ou outras condições relacionadas às emoções delas?
2. Você tem sido influenciado pela ideia de que o nosso corpo controla nossas emoções?
3. De que maneira este capítulo mudou sua perspectiva sobre ajudar as pessoas a lidarem com as emoções delas?

5
Você se identifica com os outros quando sente com eles

O QUE SIGNIFICA CONECTAR-SE?

No Capítulo 2, aprendemos que o propósito das emoções é nos ajudar a nos identificar e nos conectar uns com os outros. Por "conectar", queremos dizer compartilhar nosso coração uns com os outros de uma forma profunda e significativa.

Anteriormente, eu (Winston) descrevi o dia em que Kim e eu compramos nossa primeira casa. Aquele foi um dia de verdadeiros altos e baixos, júbilo e dúvidas, alegria e ansiedade. Todas essas emoções expressavam de forma variada o que valorizávamos: nossas esperanças e nossos sonhos de construirmos juntos uma família, bem como o medo de que tivéssemos nos comprometido com empregos, contas e uma casa da qual não poderíamos escapar facilmente. Nossas emoções transmitiam

88 | ORGANIZE *suas* EMOÇÕES

em alto e bom som o que estava ocorrendo dentro do nosso coração, mas a verdadeira conexão aconteceu quando nos sentamos no chão do nosso novo lar à noite, na quase escuridão, debaixo de uma única luz, e conversamos sobre o que estávamos sentindo. Nós escutamos um ao outro e, ao fazermos isso, soubemos que o outro entendia e verdadeiramente se importava. Aquilo foi um momento poderoso e reconfortante no qual ambos soubemos que éramos amados. Não teria sido uma conexão se apenas tivéssemos percebido reservadamente as emoções do outro e tivéssemos continuado ou se tivéssemos censurado um ao outro pelas emoções que cada um sentia. Conectar-se é mais do que simplesmente saber ou observar como o outro se sente; significa lidar e envolver-se pessoalmente com a experiência do outro de uma forma genuína e que demonstra que você se importa.

A IMAGEM DO CORPO, "UMA SÓ CARNE"

Ao longo do Novo Testamento, Paulo usa o corpo humano para ilustrar a natureza da igreja.[1] Os membros da igreja de Corinto pareciam ter uma conexão especialmente difícil entre si. Eles discutiam sobre quem deveriam ser seus líderes e quem tinha os maiores dons e habilidades; eles processavam uns aos outros no tribunal e transformavam as refeições de comunhão em festas de bêbados. Paulo sabia que eles precisavam de uma maneira radicalmente diferente de pensar sobre o que significa relacionar-se uns com os outros, então ele os desafiou a

---

1 E.g., Rm 12.4-8; Ef 4.4-13; Cl 3.15.

Você se identifica com os outros quando sente com eles | 89

pensarem em si mesmos como membros de um só corpo: "Porque, assim como o corpo é um e tem muitos membros, e todos os membros, sendo muitos, constituem um só corpo, assim também com respeito a Cristo" (1Co 12.12).

A ideia é simplesmente esta: quando Deus nos faz um com Cristo, ele também nos faz um com os outros. Nosso corpo físico é composto de muitas partes diferentes, cada uma com diferentes habilidades e funções, todas profundamente conectadas como um corpo unificado. Estamos conectados uns aos outros da mesma forma que estamos em Cristo. Não deixamos de existir como indivíduos, mas estamos profundamente conectados uns aos outros, assim como estamos profundamente conectados a Cristo.

Paulo tem muito a dizer sobre como o corpo de Cristo deve operar, mas um elemento crucial é nossa obrigação de nos conectarmos e de nos importarmos com as experiências uns dos outros. Ele escreve: "De maneira que, se um membro sofre, todos sofrem com ele; e, se um deles é honrado, com ele todos se regozijam" (1Co 12.26; cf. Rm 12.15). A observação é simples, mas profunda: relacionar-se uns com os outros da maneira como Deus quer que nos relacionemos significa estarmos plenamente engajados nas experiências do outro. Quando o outro é honrado ou está experimentando coisas boas, você se regozija com essa pessoa. Quando o outro está sofrendo ou está em dor, você sente a dor junto com aquele que está sofrendo.

Deixe que a imagem do corpo o guie. Se você esmaga seu dedo em uma gaveta, você não olha com curiosidade para baixo e diz: *Isso é estranho. Esse dedo parece ter sido esmagado em uma*

gaveta. Suponho que isso deve realmente doer... ou será que dói?
Não. Você se conecta imediatamente com a dor e responde a ela. Você grita: *Ai!* (ou algo parecido). Você puxa sua mão da gaveta, segura bem esse dedo e corre para a pia, deixando que a água fria escorra sobre ele. Você é "uma só carne" com o seu dedo. Ele pode ser pequeno e parecer sem importância, dado o seu tamanho, mas quando o dedo está em apuros, todo seu foco está nele, e você mobiliza todo o seu corpo em torno de sua proteção e cuidado.

A CONEXÃO DO AMOR

Agora, pegue o que aprendemos com seu dedo mindinho e aplique isso aos seus relacionamentos. Quando você estiver machucado, aqueles mais ligados a você devem responder e vice-versa. E quando algo de bom lhe acontecer e você estiver feliz, eles devem ficar felizes junto com você e vice-versa. Estar profundamente conectado significa entrar na experiência do outro, senti-la bem ali junto com ele, seja o sentimento bom ou ruim. Na verdade, a Bíblia nos diz que essa é uma função muito básica do amor. É por isso que no final de tudo o que Paulo tem a dizer sobre "o corpo", ele escreve o que às vezes é chamado de "O Capítulo do Amor" — 1 Coríntios 13, onde ele diz:

> Ainda que eu tenha o dom de profetizar e conheça todos os mistérios e toda a ciência; ainda que eu tenha tamanha fé, a ponto de transportar montes, se não tiver amor, nada serei. E ainda que eu distribua todos os meus bens entre os pobres e ainda que entregue o meu próprio

Você se identifica com os outros quando sente com eles | 91

corpo para ser queimado, se não tiver amor, nada disso me aproveitará [...].

O amor jamais acaba. (vs. 2-3, 8)

Todas as nossas habilidades e todas as formas pelas quais nos conectamos e nos relacionamos devem ser, em última análise, expressões de amor. Isso, é claro, faz sentido quando nos lembramos de que estamos falando do corpo de Cristo. Afinal, ele é o amor encarnado. Portanto, temos que concluir que aprender a usar nossas emoções a fim de nos conectarmos é uma parte importante de aprendermos a amar bem.

Como você participa das emoções de outra pessoa? Eis aqui algumas sugestões. Se você se sente perdido em toda essa conversa sobre emoções, pode começar simplesmente cultivando a curiosidade sobre o que as pessoas ao seu redor sentem. É muito provável que você irá notar algo quando estiver procurando. Quando você de fato perceber uma emoção ou até mesmo uma mudança surpreendente em alguém — um amigo ruidoso que está reservado e distante, um irmão ou irmã que parecem aflitos —, desacelere e faça perguntas sobre o que está acontecendo. Ou, se as perguntas não parecem apropriadas ou bem-vindas, pare, coloque a si mesmo no lugar do outro e imagine o que poderia fazer com que *você* se sentisse daquela forma. É possível que você se engane sobre o que os outros estão sentindo ou sobre o porquê, mas pelo menos você está aprendendo a colocar-se no lugar deles.

Quando você se vê com uma compreensão clara da emoção que outra pessoa está experimentando, envolver-se é muitas vezes tão simples quanto escolher focar ou se permitir focar essa pessoa. Nada é tão inibidor ao compartilhamento do coração de alguém quanto ter o foco em si mesmo: *Estou sendo suficientemente responsivo? O que eles estão pensando sobre mim? Estou me sentindo tão conectado quanto deveria estar?* Convide outros a falarem o que estão sentindo. Ao ouvir, não lute contra o desconforto de não estar no controle ou de não ser capaz de fazê-los sentir-se diferentes.

Lembre-se de que um dos propósitos das emoções é comunicar o quê e o quanto as coisas significam para nós. É possível dizer que nossas emoções são como etiquetas de preços relacionais, comunicando o valor que damos às coisas. Quanto mais valorizamos algo, mais sentiremos emoções relacionadas àquilo. De volta ao exemplo dos dedos: se você visse um estranho esmagar o dedo na gaveta, você provavelmente se encolheria e sentiria empatia por ele, mas isso provavelmente passaria em um ou dois minutos. Se um bom amigo esmagasse o dedo, você sentiria muito mais intensamente. Seu amor por ele o pressionaria a ir ao lado dele e o ajudaria a determinar o quanto o dedo foi ferido; talvez até mesmo o levaria para o pronto-socorro. As emoções que você experimenta em relação às outras pessoas — quando elas o fazem feliz, triste ou zangado — comunicam o quê e o quanto elas significam para você.

É claro, exatamente o quê nossas emoções estão comunicando pode ficar complicado. Por exemplo, a raiva intensa pode facilmente comunicar desprezo ou ódio. Ainda assim, você pode ficar muito irritado com alguém, em parte porque

Você se identifica com os outros quando sente com eles | 93

essa pessoa significa muito para você. Na verdade, seu amor pode ser o motivo pelo qual você está tão chateado com algo que essa pessoa amada disse ou fez. Você ficaria muito mais chateado com uma amiga próxima que mentiu para você, se embebedou e destruiu o carro da mãe dela do que com alguém que você conheceu há pouco tempo. C. S. Lewis captou perfeitamente a dinâmica de nossa crescente preocupação com as tendências destrutivas naqueles que amamos quando disse que o amor "pode perdoar todas as enfermidades e ainda amar, a despeito delas: mas o amor não pode deixar de desejar sua remoção".[2] Isso significa que, às vezes, estar intimamente ligado a outra pessoa terá uma sensação boa e, algumas vezes, uma sensação ruim. De qualquer forma, a questão é que amar alguém sempre significará ser tocado emocionalmente por esse alguém.

É por isso que não compartilhar emoções em um relacionamento é um problema. Não importa quão profundamente você ame e esteja conectado a alguém, uma falta de expressão e de conexão emocional comunica uma falta de amor, que pode ter um efeito corrosivo sutil com o tempo.

Isso não significa que todos devam ou possam expressar emoções da mesma maneira. Um rapaz do Ensino Médio pode realmente expressar mais apreço ao dar um soco no ombro de um amigo do que uma mulher de sessenta anos de idade cumprimentando um parente cansativo com um beijinho na bochecha. Um introvertido tímido e reservado pode

---

2 C. S. Lewis, *O problema da dor* (São Paulo: Thomas Nelson Brasil, 2021).

94 | ORGANIZE *suas* EMOÇÕES

estar compartilhando mais abertamente em três breves frases, reconhecendo sua luta pessoal, do que um extravertido turbulento que fala durante uma hora sobre os pontos altos e baixos da semana. O objetivo bíblico da conexão emocional não é que você siga uma fórmula ou uma frase específica; trata-se de uma vulnerabilidade honesta sobre as coisas que estão verdadeiramente em seu coração, e um interesse e uma empatia sinceros pelos assuntos que animam ou desanimam aqueles que você ama.

Tendo dito que o formato não é o ponto importante, devemos também dizer que muitas vezes é muito importante (e surpreendentemente difícil) crescer em falar abertamente sobre o que você sente. O mesmo vale para responder explicitamente às emoções que você ouve da parte dos outros. Em nosso aconselhamento conjugal, vemos muitos casais em que um dos cônjuges se queixa de simplesmente não se sentir amado. O outro frequentemente responde com uma longa lista de provas de amor verdadeiro demonstradas àquele: ajudar a criar os filhos, trazer renda para a família, tempo passado juntos nas férias, presentes dados e assim por diante. Quase sempre, a raiz do problema não está na lista, mas na falta de conexão emocional, na incapacidade de compartilhar genuinamente as experiências do coração.

Imagine como você se sentiria se seu cônjuge professasse amor por você e lhe desse uma dúzia de rosas ou um relógio novo, mas fizesse tudo isso com uma voz mecânica e um olhar de total desinteresse. Você provavelmente se perguntaria se o seu cônjuge realmente estava falando sério. Na

Você se identifica com os outros quando sente com eles | 95

verdade, você poderia suspeitar justificadamente que algo estava muito errado. As ações e palavras comunicariam o amor, mas o tom e a falta de expressão emocional comunicariam apatia ou manipulação.

As emoções não estão no centro do que é o amor, mas são uma forma crucial de expressá-lo e de se conectar com os outros.

A PRÁTICA LEVA À PERFEIÇÃO

Aprender a se conectar com outras pessoas é uma habilidade que vale muito a pena aprender. Embora a conexão emocional não seja a única maneira de nos conectarmos, esse compartilhamento de corações e de valores e a comunicação de um profundo cuidado com os outros farão parte do nosso deleite para o resto da nossa vida, até mesmo da nossa vida no céu. Todas as imagens que temos do céu são de pessoas que compartilham da alegria de se deleitarem com o Rei em seu trono, cantando juntas, expressando sua paixão coletiva por tudo o que ele fez e por quem ele é. Isso é exatamente o que esperaríamos, dado que o próprio Deus é um relacionamento — Pai, Filho e Espírito — em que desejos e delícias são tão mutuamente compartilhados que Cristo pôde se alegrar em fazer a vontade do Pai mesmo diante da morte.

Assim, embora sejamos limitados em nossa capacidade de compreender esses mistérios, queremos que cada oportunidade de conectar coração a coração seja uma oportunidade não apenas para crescermos em semelhança com o Deus que nos fez, mas também para crescermos em nosso assombro diante

96 | ORGANIZE *suas* EMOÇÕES

do fato de ele ter escolhido compartilhar seu coração conosco. Nossa esperança e promessa é que cada vez que praticamos o abrir nossos corações a alguém, estamos sendo transformados na perfeita semelhança de Cristo e também nos envolvendo com o coração dele.

PERGUNTAS PARA REFLEXÃO

Ao encarar seus próprios sentimentos:

1. Você se conecta facilmente com os outros em suas emoções? Por quê?
2. O que o faz sentir mais conectado com os outros?

Ao ajudar os outros:

1. Você acha difícil perceber as emoções dos outros? Se sim, você acha que cultivar a curiosidade sobre as emoções das pessoas e fazer um esforço especial para prestar atenção e fazer perguntas sobre os sentimentos delas irão ajudar?
2. Você está sobrecarregado pelas emoções de outras pessoas? Por quê? Se sim, o que você faz a respeito?

6
Por que não consigo controlar minhas emoções?

Eu (Alasdair) estava frustrado com a minha esposa. Ok, sejamos honestos, eu estava com raiva. Não me lembro qual era a questão ou se tínhamos sequer discutido sobre isso — algumas vezes, meu silêncio feio é pior do que uma discussão acalorada. O que me lembro é que já passava das onze da noite e eu estava bastante cansado, mas não havia a menor chance de eu dormir naquele momento.

Para piorar a situação, embora não me lembre agora qual era a questão, eu *sabia*, até mesmo na época, que na maior parte das vezes eu estava errado. Talvez eu estivesse certo em alguns pontos, mas minha autocomiseração e ira estavam definitivamente fora de proporção com o que havia acontecido, e isso eu não podia negar. Percebendo que deitar-me na cama e ficar remoendo a situação não me levaria a lugar algum, levantei-me, vesti um

98 | ORGANIZE *suas* EMOÇÕES

moletom para afastar o frio da noite de New Hampshire e saí de fininho para andar. Estava muito mais para uma marcha do que uma caminhada, verdade seja dita; minhas pernas estavam tentando acompanhar meus pensamentos acelerados.

Eu orei: *Senhor, o Senhor tem que me ajudar. Eu estou tentando. Parece que não consigo parar de me sentir irado. Nesse momento, só consigo pensar em como ela foi injusta. Sei que não estou amando-a nesse instante. Sei que não estou onde o Senhor me quer. Ajude-me.*

Aprender a orar assim, no meio de uma frustração interna em ebulição, representa para mim um crescimento maciço. No entanto, tão logo terminei minha oração, os pensamentos sobre o que *ela* me fez saltaram de volta à minha mente. Era como se um vívido documentário detalhando a injustiça das palavras dela e como ela era a culpada estivesse passando em looping na tela grande da minha cabeça. O ciclo de me distanciar do documentário para orar e ser sugado de volta se repetia a cada trinta segundos, mais ou menos, enquanto eu marchava pela escuridão.

Não tenho certeza de quantos quilômetros percorri, mas aposto que estive lá fora por duas horas orando e rediscutindo a cena, orando e rediscutindo. Respirei fundo. Mantive minha marcha rápida e meu sangue bombeando. Tentei me sacudir para fora de minha angústia, focalizando meu olhar para cima, nas poucas estrelas que passavam furtivamente pelas nuvens noturnas.

Nada funcionou. Voltando para dentro da casa adormecida, senti mais ou menos a mesma coisa de quando eu tinha saído de fininho.

Subi de volta para a cama nas primeiras horas daquela manhã, exausto, tão frustrado comigo mesmo quanto com minha esposa, sem esperança de dominar a feiúra da minha ira ou a autocomiseração.

Talvez você nunca tenha dado voltas ao redor do seu quarteirão por horas de uma vez, tentando lutar consigo mesmo para que se sentisse diferente, mas você provavelmente sabe o que é odiar a maneira como se sente e ainda assim se ver incapaz de sair dessa situação. Qualquer pessoa que esteja familiarizada com a depressão ou a ansiedade certamente sabe o que é estar preso a uma emoção. Culpa, tristeza, ira, dormência, inveja, arrependimento, desespero e amargura também podem ser formidáveis parceiros de luta livre — todos capazes de prendê-lo ao tapete e sentar-se em seu peito.

Por que isso é assim? Por que tão frequentemente sentimos que nossas emoções estão nos controlando, em vez de ser o contrário? Por que não podemos simplesmente escolher sentir algo diferente a qualquer momento que desejarmos?

AS EMOÇÕES SÃO INSTINTIVAS, E ISSO É UMA COISA BOA

Essa não é uma pergunta nova. Até mesmo alguns dos escritores da Bíblia experimentaram a frustração de tentar mudar a forma como se sentem, mas descobriram que suas emoções não vão e vêm ao seu bel-prazer. O autor do Salmo 42 nos fornece

100 | ORGANIZE *suas* EMOÇÕES

um dos exemplos mais claros. Ele escreve as famosas palavras que dizem que sua alma "tem sede de Deus" como "suspira a corça pelas correntes das águas" (vv. 1-2). O que é menos conhecido é que ele passa o resto do salmo lutando com suas emoções, perguntando duas vezes:

> Por que estás abatida, ó minha alma?
> Por que te perturbas dentro de mim? (vs. 5, 11)

Mesmo quando ele luta para se lembrar das coisas boas que Deus tem feito e se empenha em esperar no Senhor, seus sentimentos parecem ficar presos, resistindo obstinadamente aos seus esforços para mudá-los.

Essa falta de mudança imediata nos sentimentos do salmista não significa, porém, que sua batalha seja inútil. Tampouco significa que ele está lutando mal. Significa simplesmente que ele é humano e que o mundo ao seu redor deve mudar a um nível significativo para que suas emoções significativas também mudem. Em vez de selecionar nossas emoções por capricho em um cardápio que oferece maneiras de sentir, Deus nos deu emoções que na verdade são *projetadas para não mudar*, a menos que aquilo que amamos mude ou que o que está acontecendo com o que amamos mude.

Isso é contraintuitivo, então vamos desacelerar por um momento com um par de exemplos que demonstram como é bom e natural que as emoções transbordem instintivamente de nossos amores em vez de serem resultantes de escolhas conscientes.

Por que não consigo controlar minhas emoções? | 101

Seu telefone toca. É a sua querida amiga da igreja que está desempregada há quatro meses. Ela está ligando para dizer que conseguiu o novo emprego que vocês duas estavam orando para que ela conseguisse. Agora, vocês estarão colaborando em projetos semanalmente e conversando na sala de descanso todos os dias, pois ela trabalhará no mesmo departamento que o seu. Como você se sente? Você está entusiasmada! Por quê? Porque Deus fez com que você se sentisse feliz — feliz do tipo que dá vontade de dar uma festa — *instantaneamente*. Você não precisa consultar uma planilha com possíveis emoções e selecionar "muito feliz" ou "borbulhando de empolgação" como seu humor do momento. Você ama sua amiga, portanto a notícia de que ela garantiu uma renda e que vai passar mais tempo com você traz uma euforia imediata e reflexiva.

Embora nenhum de nós vá reclamar de boas notícias trazendo euforia, você ainda consegue captar o ponto básico: é normal e apropriado que as emoções venham imediatamente, sem escolha consciente. Seria estranho se elas exigissem deliberação. Sua amiga ficaria magoada se ela lhe perguntasse por que você ficou calada depois de ela lhe ter dado as boas notícias e você ter dito: "Estou tentando decidir como me sentir em relação a isso".

Agora veja um segundo exemplo: seu telefone toca, mas dessa vez ele o acorda no meio da noite, quando as ligações sempre significam más notícias. A pior notícia, nesse caso: sua irmã foi tirada dos destroços do carro dela e está em um helicóptero médico a caminho do hospital mais próximo. Sua condição estabilizou e ela está alternando entre estar consciente e inconsciente, mas eles não têm certeza se ela vai sobreviver.

102 | ORGANIZE *suas* EMOÇÕES

Então, você faz o que qualquer um faria: senta-se na poltrona da sala e pensa: *Humm, como eu escolherei me sentir a respeito disso? Nossa, eu poderia acabar me sentindo ansioso aqui, e realmente não gosto de me sentir ansioso. Acho que, em vez disso, vou de contentamento e calma. Sim, essa é a escolha certa. Ah, já me sinto tão melhor! Agora vou fazer um café, terminar a série que comecei antes de dormir e, depois, vou para o hospital.*

Claro que não! Uma resposta dessas seria impensável. Mesmo que fosse possível, seria indizível o egoísmo de se colocar em sua zona emocional feliz e evitar a ansiedade quando você tem a chance de talvez falar com sua irmã pela última vez nesta terra. Não. Em vez disso, você corre para o carro antes de ser capaz de enxergar direito por causa da vista embaçada do sono. Sua ansiedade o está motivando a correr até sua irmã, e é assim que deve ser. Nenhuma força de vontade vai fazer você se sentir calmo ao acelerar pela rodovia. Claro, em algum nível você poderia desejar não sentir um nó terrível na boca do seu estômago ou que seu coração não estivesse acelerado. Mas, em um nível mais importante, a ideia de se sentir inabalável por tais notícias deve ser repelente para nós.[1]

No fim das contas, é simples: pelo fato de as emoções fluírem daquilo com o qual mais nos importamos, nossas emoções não podem nem devem mudar à parte de uma mudança naquilo com o qual nos importamos (ou uma mudança no bem-estar daquilo com que nos importamos).

---

1   Embora algumas pessoas experimentem um profundo e penetrante entorpecimento, que pode se estender até mesmo a situações como essas, elas nunca ficam entusiasmadas em ficar entorpecidas, nem enxergam como benéfica a capacidade de não serem afetadas pela tragédia. Em vez disso, elas dizem coisas como "O que há de errado comigo que estou tão desconectado?".

FÉ PERFEITA NÃO SIGNIFICA CONTROLE SOBRE AS EMOÇÕES

Agora, isso nos leva a uma importante nuança: dissemos há pouco que "nenhuma força de vontade vai fazer você se sentir calmo" correndo para o hospital. Mas, você pode perguntar, não deveria fazer diferença em minhas emoções se eu estou orando e confiando em Deus enquanto acelero para o hospital? Será que eu não deveria estar encontrando paz no controle soberano dele?

Essa é uma pergunta certa e importante. A resposta curta é que pode fazer — e muitas vezes faz — uma grande diferença para suas emoções, mesmo em momentos de crise, lembrar-se de que Deus está no controle e que ele é bom. Falar com Deus em oração sobre coisas que estão perturbando o seu coração pode alterar radicalmente sua experiência emocional. Essa pergunta, na verdade, impulsiona toda a seção do meio deste livro. Por ora, vamos simplesmente dizer que um relacionamento vital e ativo com um Deus bom e soberano é muito importante para sua vida emocional.

PRECISAMOS DE UM NOVO CORAÇÃO MAIS DO QUE DE NOVOS SENTIMENTOS

Precisamos apreciar, no entanto, que mesmo quando um relacionamento com Deus afeta suas emoções, a *maneira* como ele o faz *não* é achatando-as. Amar mais a Deus não significa se importar menos com os outros! Em vez disso, a forma como seu relacionamento com Deus afeta suas emoções é por meio do seu Espírito, constantemente remodelando e refinando o

104 | ORGANIZE *suas* EMOÇÕES

que você ama ao longo de sua vida (nós valorizamos mais o reino e a presença de Deus à medida que amadurecemos, e valorizamos menos nosso próprio reino e ídolos).

Por essa razão, a Parte 2 deste livro *não* vai estar cheia de dicas para trabalhar diretamente suas emoções com o objetivo de mudá-las. O que ele fará é dar sugestões em muitos níveis, incluindo coisas que você pode fazer com o corpo e com a mente, para participar com Deus em um processo de mudança contínua do coração.

Infelizmente, esse tipo de resposta centrada no coração em relação às nossas emoções é raro. Nossos instintos correm principalmente na direção oposta: por reflexo, tentamos mudar as próprias emoções ou tentamos fugir delas. Controlar a situação ou fugir dela. Embora ninguém possa negar que o controle ou a fuga possam assegurar temporariamente emoções mais confortáveis, é a adoração do nosso coração, e não nossas emoções ou situações, que mais frequentemente precisa se mudada.

As emoções simplesmente não foram criadas para ser desligadas e ligadas à vontade. Elas devem ser tratadas na fonte.

COMO, ENTÃO, EU POSSO MUDAR?

A Escritura é categórica neste ponto: nossa maior necessidade é a de um novo coração, com um novo amor e uma adoração reorientada, não de mais sentimentos confortáveis. Deuteronômio, Jeremias e Ezequiel, todos destacam a necessidade que temos de corações amolecidos do estado de pedra, tornados limpos, trazidos à vida. Uma vez que vimos como nosso amor e nossa adoração produzem emoções, faz sentido que, quando

Por que não consigo controlar minhas emoções? | 105

nosso coração é remodelado, nossas emoções sigam seus passos. É claro, haverá complexidade no relacionamento entre nossos tesouros e nossos sentimentos além da nossa habilidade de compreensão — especialmente nas áreas concernentes às questões do corpo, como dissemos no capítulo 4. Certamente, todos nós teremos que passar por períodos sombrios quando nossos sentimentos de pesar ou de ira não mudam nem deveriam mudar; aquelas épocas quando Deus está irado e pesaroso sobre a situação também. E, claro, os que amam a Deus e o seu reino buscarão corretamente o consolo dele em meio aos sentimentos dolorosos acerca de realidades dolorosas em um mundo doloroso. Contudo, nossa esperança de mudança em nossas emoções deve sempre ter seu foco na esperança prometida por Deus, aquele que pode mudar o nosso coração.

Isso, porém, não significa que nunca devemos agir em resposta às nossas emoções, nem que somos impotentes para fazer algo a respeito delas! Em vez disso, seguindo o exemplo do autor do Salmo 42, somos chamados a lidar efetivamente com nossos sentimentos no dia a dia. Aprender a fazer isso de forma concreta e prática será o foco de toda a próxima parte deste livro.

PERGUNTAS PARA REFLEXÃO

Ao encarar seus próprios sentimentos:

1. Neste momento, que sentimentos em sua vida você mudaria com o apertar de um botão se você fosse capaz? O que você acha que aconteceria ou de que forma sua vida seria diferente? Você pode imaginar algum valor em enfrentar e lutar contra esses sentimentos específicos?

106 | ORGANIZE *suas* EMOÇÕES

2. Enquanto você se prepara para passar à Parte 2 deste livro, dedique um pouco de tempo agora e escreva sua própria resposta a esta pergunta: Como as emoções deveriam mudar?

Ao ajudar os outros:

1. Você espera que as pessoas tenham controle sobre suas emoções e as mudem por força de vontade? Em caso afirmativo, como isso molda a maneira como você ministra aos outros?
2. Você espera que as emoções das pessoas estejam completamente fora do controle delas, uma realidade da vida que elas devem tomar como certa? Se sim, como isso afeta a maneira como você ministra aos outros?
3. Se você ainda não o fez, responda à pergunta 2 referente à seção acima, *Ao encarar seus próprios sentimentos.*

PARTE 2
LIDANDO COM AS EMOÇÕES

7
Duas armadilhas

Esperamos que você esteja sentindo mais clareza sobre como as emoções funcionam e como as coisas que você ama impulsionam os sentimentos que você tem. Como você já viu, temos feito grandes esforços para captar o fato de que aquilo que você ama molda fundamentalmente o que você sente.

Mas e se as coisas que você ama e valoriza não forem boas? E se você vê problemas ou buracos no sistema de valores do seu coração? O que você deve fazer quando não tem certeza do que está valorizando ou por que sente que suas emoções parecem desligadas?

Ajudá-lo a responder com maturidade piedosa às suas emoções, boas, ruins e feias, é o objetivo de toda a segunda parte deste livro.

Por mais contraintuitivo que possa parecer, dada a forma como temos enfatizado a complexidade das emoções, uma

110 | ORGANIZE *suas* EMOÇÕES

resposta bíblica a elas pode realmente ser capturada em uma única palavra: lidar. Vamos explicar o que queremos dizer com isso nos capítulos 8 e 9. Primeiro, porém, você precisa entender as duas maneiras pelas quais nossa cultura, tanto secular como cristã, tende a nos arrastar para fora do caminho que Deus traça para lidarmos bem com as nossas emoções. Esta seção do meio do livro, então, começa expondo as visões pouco saudáveis de lidar com as emoções que nos cercam (cap. 7). Em seguida, ela estabelece uma estrutura bíblica para um lidar saudável com as nossas emoções (caps. 8-9). Finalmente, a seção termina com três grandes categorias de aplicações práticas (caps. 10-12).

Portanto, antes de mais nada: comecemos reconhecendo e criticando as ideias problemáticas no ar cultural que respiramos.

"COLOQUE PARA FORA"
– AS EMOÇÕES SÃO TUDO

A voz mais alta da sala, pelo menos no mundo ocidental, nos diz que nossas emoções são tudo, a coisa mais importante, o que mais nos define. Talvez poucos digam isso tão abertamente, mas as expressões dessa crença estão à nossa volta. Isso não significa que nossa cultura pressuponha que você compreenda seus sentimentos ou de onde eles vêm, ou até mesmo que você goste de suas emoções. Fundamentalmente, no entanto, você vive entre um povo cujas ações e práticas culturais proclamam, vez após vez, que *o que você sente é o mais importante sobre você.*

Agora, quando dizemos "a coisa mais importante", obviamente não queremos dizer que nossa sociedade pensa que sua experiência emocional é mais importante do que sua ingestão de oxigênio. Em vez disso, queremos simplesmente dizer que o bem mais elevado que nossa cultura busca para os indivíduos que vivem e respiram é ter bons sentimentos. Isso significa que, em nossa cultura, um problema com os sentimentos de uma pessoa é o maior problema dessa pessoa. Também significa que o maior mal que você pode fazer a alguém é não ouvir, não dar espaço e não afirmar o que esse indivíduo *sente* que é necessário *sentir* da forma como ele quer *sentir*. Daí o extremo valor atribuído à "autenticidade" (o Google extrai mais de duzentos milhões de acessos para isso). Daí abraçar a sexualidade como o núcleo da identidade humana. Daí a ênfase em inculcar a autoestima. Daí, como disse um historiador da igreja, a mudança na igreja norte-americana de "salvação para a autoatualização".[1]

Dado esse ponto de partida, o próximo passo que a cultura dá é bastante natural. Se a coisa mais importante sobre você são seus sentimentos, então você precisa ser você mesmo e se expressar a qualquer custo. É por isso que valorizamos coisas como "desabafar", "colocar para fora", "apenas ser honesto", "dizer o que você sente" e assim por diante. Isso também pode levar a uma série de ações que eu "tenho que" tomar porque uma situação está "me fazendo" sentir mal. Assim, podemos nos afastar de uma amizade que faz com que nos sintamos mal ou fazer serviço comunitário para nos sentirmos bem. De qualquer forma, o objetivo final é como nos sentimos.

---

1 Brooks Holifield, *A History of Pastoral Care in America: From Salvation to Self-Actualization* (Nashville: Abingdon, 1983).

112 | ORGANIZE *suas* EMOÇÕES

Em resumo, é como se vivêssemos em um terminal aeroportuário com um alto-falante que gritasse sobre a tagarelice de todas as outras conversas, nos informando que nossos sentimentos são o mais importante na sala. Somos instruídos a lidar com essa frágil bagagem expressando ao máximo nossas emoções (não importa o que os outros possam pensar) ou rearranjando os móveis ao nosso redor para dar espaço a elas (aplaudimos a coragem daqueles que se recusam a aceitar silenciosamente o mundo como ele é).

Agora, pense por um momento nessa suposição cultural. Suas emoções são realmente a coisa mais importante sobre você? Estamos escrevendo um livro inteiro sobre emoções, então obviamente achamos que elas são importantes! Além disso, vamos dedicar um tempo significativo discutindo o valor de falar de suas emoções com Deus e com os outros. Mas colocar seus sentimentos à frente da qualidade de seu caráter, à frente da fidelidade de sua obediência a Deus, à frente da profundidade de seus relacionamentos com ele e com os outros — até mesmo à frente dos sentimentos dos outros — é o *oposto* do que a Escritura nos chama a fazer!

Essa questão não é um problema puramente secular. A igreja tem suas próprias versões desse valor cultural mais amplo. Muitas vezes, por exemplo, elevamos nossa experiência emocional ao auge do culto dominical matinal. O objetivo do sermão é *sentir-se* profundamente convicto ou inspirado; o objetivo do louvor é *sentir* uma onda de êxtase ou ação de graças; o objetivo da hora do café é *sentir-se* conectado e incluído. Essa mentalidade muitas vezes também conduz as devoções

Duas armadilhas | 113

pessoais; o objetivo é ter uma experiência emocional dramática de ver a beleza de Jesus, ou ter menos ansiedade, ou sentir-se mais próximo de Deus.

Mais uma vez, por favor, ouça-nos com atenção. Esses sentimentos são coisas maravilhosas em si mesmos! Devemos buscar sinceramente experiências de Deus através de sua Palavra e de seu povo, e nos regozijarmos quando sermões ou canções movem nosso coração. Mas é tão fácil para uma apreciação saudável da emoção em nossa experiência espiritual deslizar para um emocionalismo insalubre que começa a fazer da própria emoção o ponto. Muitos de nós podemos nos identificar com uma mulher que nos disse: "Eu sentia uma pressão interminável na igreja para alcançar o próximo nível, para ter a próxima grande experiência emocional. Era exaustivo".

Para ser justo, colocar as emoções em um pedestal acerta em três coisas importantes. Em primeiro lugar, suas emoções realmente lhe dizem algo importante sobre quem você é. Para usar nossa linguagem do capítulo 2, nossa cultura entende que nossas emoções comunicam. Segundo, como dissemos no capítulo 6, é verdade que nossas emoções não podem ser perfeitamente controladas por simples força de vontade e, mesmo que pudessem ser, restringi-las não deveria ser nossa resposta padrão. Finalmente, como discutiremos mais nos capítulos 8 e 9, estamos felizes por nossa cultura valorizar o fato de dar voz às coisas que estão dentro de nós mesmo quando isso não nos é confortável nem às pessoas ao nosso redor.

Contudo, essas percepções válidas são, na melhor das hipóteses, a metade da história. A ênfase excessiva de nossa

114 | ORGANIZE *suas* EMOÇÕES

cultura no papel das emoções nos treina constantemente para que sejamos governados por nossas emoções. Isso, por sua vez, inevitavelmente desliza em direção a uma busca cada vez mais frenética pelos altos emocionais e a uma fuga dos baixos emocionais. Tal abordagem se afasta da mais rica e finalmente mais satisfatória "longa obediência na mesma direção", como Eugene Peterson, um autor e pensador cristão, certa vez descreveu a vida cristã.[2] Da mesma forma que os biscoitos são um terrível centro nutricional para sua dieta, assim também as emoções são uma terrível prioridade *central* para a sua vida.

"ENGULA ISSO"
– AS EMOÇÕES NÃO SÃO NADA

Talvez não o surpreenda saber que exista por aí um segundo instinto que é oposto. Esse instinto sustenta que as emoções devem ser tratadas como um cão raivoso e errante que entrou em sua sala de estar. Chame isso de falar com o lábio superior rígido, estoicismo ou de ser um cara durão, mas a segunda voz de nossa cultura argumenta — embora mais silenciosamente do que a primeira — que as emoções não são de confiança. E, dada a forma como a adoração das emoções de nossa cultura muitas vezes encoraja as pessoas a colocarem seus sentimentos contra a verdade ou a obediência, não é difícil entender porque essa reação estoica minoritária tem sido especialmente popular em muitos círculos cristãos.

---

2 De Eugene H. Peterson, *A Long Obedience in the Same Direction: Discipleship in an Instant Society* (Downers Grove, IL: InterVarsity Press, 1980).

A imagem clássica da perspectiva do "engula isso" acerca das emoções é o homem Marlboro, ou qualquer herói sujo, suado e salpicado de sangue de um filme de ação. O gado pode estar se desviando, os bandidos podem estar inundando sua posição com uma saraivada de tiros, e ele pode ter acabado de perder seu melhor amigo, mas ele não será detido. A versão moderna, um pouco mais sensível, desse herói terá até uma lágrima no canto do olho derramada por um amigo perdido antes que ele se transforme sem hesitar, mas a mensagem implícita é clara: homens fortes e independentes estão radicalmente no controle de suas emoções. Quando nosso herói expressa as emoções, geralmente é um silêncio momentâneo, com o lábio rígido, e ele nunca deixa que suas emoções o impeçam de fazer o que deve ser feito.

Todas as imagens no parágrafo anterior são de homens, mas o tipo forte e silencioso tem cada vez mais sua forma feminina também. Além disso, indo além dos grandes blockbusters de verão na vida real, a estrela em ascensão mais significativa do mundo terapêutico nos dias de hoje, o mindfulness, na verdade tem algumas tendências estoicas. Isso não é surpreendente, uma vez que o cuidado com a mente deriva da prática Zen Budista, que enfatiza a necessidade de lidar com o sofrimento do mundo, distanciando-se emocionalmente dele. Embora poucos terapeutas ocidentais usariam o mindfulness com qualquer conexão com suas raízes orientais, a prática que se tornou tão popular em todos os lugares, das escolas aos centros de tratamento clínico, ainda tem o recuo das emoções como um princípio central. Presumivelmente, parte de sua popularidade

116 | ORGANIZE *suas* EMOÇÕES

deriva da maneira como o mindfulness se volta efetivamente contra a narrativa dominante que diz que as emoções são tudo, o que deixa as pessoas sem uma maneira fácil de se protegerem contra a enchente de emoções que sentem. Embora creiamos que a Bíblia oferece algo mais rico do que as práticas de mindfulness, nosso objetivo ao levantar a questão dessa temática não é realmente criticá-la (ou elogiá-la). Estamos simplesmente ressaltando que, mesmo nessa cultura de adoração às emoções, a estratégia do momento para a autorregulamentação emocional está, na verdade, no lado estoico do espectro.

Da mesma forma que a igreja tem dificuldade com a supervalorização das emoções, assim também a igreja tem sua própria versão de estoicismo. O estoicismo cristão, mais rígido, tende ao tipo de problemas que destacamos no capítulo 1, em que a pessoa se arrepende imediatamente de qualquer emoção negativa nela mesma e a repreende em outros. A ideia teológica impulsionadora aqui é que as emoções negativas são inadequadas, dada a soberania de Deus. Se Deus ordenou que esse sofrimento acontecesse e ele faz todas as coisas cooperarem para o bem, então a única razão para se sentir mal é se você não tiver fé suficiente.

A experiência de uma mulher em particular, no início dos seus trinta anos, captura muito bem esse problema. Essa mulher viveu um dos males mais horríveis que uma pessoa poderia sofrer: ela perdeu a filha. Sua filha, uma única filha concebida após grande dificuldade, morreu aos dois anos e meio de câncer. Enquanto muitos em sua igreja expressaram tristeza e compaixão, ela falou sobre ser pressionada a "estar na igreja logo no domingo seguinte e com um sorriso, para que todos pudessem ver como Deus é bom quando a vida é difícil". Será que ela estava exagerando a atitude que outros tinham para com ela? Talvez. Esperamos que sim. Mas mesmo que ela tenha ouvido uma versão exagerada, esse tipo de pensamento é bastante comum, e não há razão para duvidar de que ela estivesse percebendo uma mentalidade central precisa.

Agora, nós dois experimentamos pessoalmente a bênção de estarmos na igreja em meio à dor. Não há nada como ser conhecido, cuidado e apoiado, e ter um gostinho da misericórdia e da bondade de Deus por meio da comunhão com seu povo em face da perda. No entanto, a experiência dessa mulher não foi a de ter a igreja como um lugar de conforto em sua angústia. Em vez disso, a igreja era um lugar onde somente as boas emoções são permitidas, e o objetivo na tragédia é mostrar que a fé conquista as emoções negativas. Gostaríamos que histórias como essa fossem a extrema exceção, um forasteiro estatístico distante. Lamentavelmente, essa mulher estava explorando algo muito comum, mesmo que nem sempre isso seja tão flagrante.

A grande tragédia aqui é que esse tipo de pensamento distorce o controle soberano de Deus sobre cada átomo do universo e cada evento — até mesmo a terrível morte de uma criança, um controle que é verdadeiramente a base de toda nossa esperança diante do sofrimento, do mal e da calamidade que não entendemos. É verdade que o fim estoico do espectro pode perceber corretamente algo vital sobre o poder de Deus e o seu comprometimento radical para extrair o bem até mesmo das situações mais hediondas. Além disso, também é verdade que

118 | ORGANIZE *suas* EMOÇÕES

não estamos destinados a ser escravizados por nossas emoções.

No entanto, o estoicismo não percebe que as emoções são um dom dado por Deus, uma ajuda na obediência, uma ocasião constante de conexão com o Senhor e uma fonte vital de informação sobre os problemas mais profundos do nosso coração. Mesmo as emoções mais problemáticas nunca são o verdadeiro problema. O verdadeiro problema é a coleção de amores deformados do nosso coração e a devastação da boa criação de Deus. Em vez de lutar contra sentimentos sombrios simplesmente porque eles dão uma sensação ruim, devemos criar espaço em nossa teologia para a tristeza, o medo, a ira, a culpa, a vergonha, o desânimo e coisas do gênero. Sem eles, nossa fé se torna desequilibrada, um carro com rodas em apenas um lado, arranhando e raspando, desviando-se constantemente da estrada na qual a Palavra de Deus nos manteria.

Assim, embora possamos simpatizar com elementos tanto do hiperemocionalismo quanto do estoicismo que nos rodeiam, devemos rejeitar a simplificação excessiva que essas duas opções representam. Precisamos de uma terceira maneira, uma que leve nossas emoções a sério sem lhes entregar as chaves da nossa vida. Os capítulos 8 e 9 procuram dar uma estrutura para essa terceira via.

PERGUNTAS PARA REFLEXÃO

Ao encarar seus próprios sentimentos:

1. Ao lidar com essas emoções, você tende mais para o lado que coloca os sentimentos no centro do palco ou para o lado do "supere isso"?

2. E quanto ao(s) grupo(s) com quem você passa a maior parte de seu tempo? Onde o hiperemocionalismo e o estoicismo exercem suas influências sobre você?

Ao ajudar os outros:

1. Você já usou a soberania de Deus como um clube para dizer aos indivíduos sofredores que eles deveriam parar de sofrer? É tarde demais para buscar o perdão dessas pessoas ou talvez até mesmo trazer consolo?

2. Você já encorajou alguém a colocar as emoções no centro de sua vida, talvez deixando implícito que Deus existe basicamente para satisfazer as necessidades emocionais de todos? É tarde demais para buscar o perdão dessa pessoa ou talvez até mesmo oferecer uma perspectiva diferente?

3. A maioria das pessoas que você ajuda provavelmente têm tido dificuldade com as duas armadilhas — de maneiras diferentes — simultaneamente. Você é capaz de identificar áreas em que uma ou ambas estão em ação?

8
Lidar com as emoções: uma opção melhor

Como dissemos no capítulo anterior, acreditamos que a palavra *lidar* capta melhor a abordagem equilibrada das Escrituras para os extremos desequilibrados que o mundo ao nosso redor sugere para trabalharmos as nossas emoções. O lidar caminha em uma estrada deliberada que fica no meio das armadilhas gêmeas do hiperemocionalismo, que bajula nossos sentimentos e os coloca como ditadores; e o estoicismo, que esmaga as emoções negativas desde o início. O modelo bíblico de *lidar* com as emoções significa algo muito simples: quando uma emoção aparece em seu radar, você olha para ela, vê o que encontra, e *então* (não antes!) decide como responder.

A beleza desse processo é que ele não julga suas emoções antecipadamente como boas ou ruins. Quando se dispõe a lidar com algo, você se aproxima e o explora, preparando-se

122 | ORGANIZE *suas* EMOÇÕES

para enfrentar o que vier a descobrir. Se, conforme temos argumentado até agora, há emoções negativas boas (assim como ruins) e emoções positivas ruins (assim como boas), então é imperativo que descubramos o que está acontecendo antes de trabalharmos para desativar ou amplificar os sentimentos que fluem do nosso coração.

Estamos mais acostumados a esse tipo de abordagem ao lidar com nossos pensamentos e ações do que ao lidar com nossas emoções. É sabido que todos nós temos um bom comportamento e um mau comportamento, um pensamento bom e um pensamento ruim, mas tratar a alegria *e* a ira tanto como ameaças potenciais quanto como amigos potenciais é menos natural.

Como, então, você pode lidar com suas emoções evasivas? Aqui estão quatro passos:

IDENTIFIQUE

O primeiro passo pode soar tão básico a ponto de não valer a pena ser mencionado: para lidar com algo, você precisa se conscientizar de que aquilo existe e dar algum nome a ele. Esse, entretanto, é, na verdade, o passo mais difícil para muitos! Por razões óbvias, chegar à percepção consciente de que você está de fato sentindo algo e depois colocar algum tipo de palavra descritiva sobre esse sentimento é bastante desafiador para alguém que ainda não percebeu que está sentindo alguma coisa. Para alguns de nós, quando nos perguntam "Por que você está tão perturbado?", ou "Como você se sente a respeito disso?", é como estar cego e ter alguém lhe perguntando qual é a cor do céu. Se você é essa pessoa, recorra a alguém em quem confie e pergunte: "Que emoções você vê em mim com mais frequência? Como elas são quando eu as demonstro?"

Agora, quando dizemos "nomeie" o que você está sentindo, não queremos dizer que você precisa de um rótulo específico ou mesmo de um nome que soe como uma emoção. "Estou me sentindo estranho", ou "algo está acontecendo", ou "estou sentindo algo que não consigo explicar e não sei por que" seriam maneiras perfeitamente válidas de identificar a emoção. O objetivo nesse primeiro passo é simplesmente tomar consciência de que algo está ocorrendo dentro de você. Você só pode lidar com algo efetivamente quando souber que aquilo está lá.

Isso não é nada mágico ou novo. Você está simplesmente tentando descrever sua reação ao mundo no qual Deus o colocou, usando as palavras que ele lhe deu. Isso é o que a Bíblia faz constantemente. Assim, os Evangelhos nos dizem que Jesus começou a "entristecer-se e angustiar-se" à medida que sua morte se aproximava (Mt 26.37), ou estava grato ao seu Pai por ter tornado o evangelho acessível até às criancinhas (Lc 10.21). E, da mesma forma, o salmista nos diz: "Ferido como a erva, secou-se o meu coração" (Sl 102.4), ou "Estou cansado de clamar" (Sl 69.3), ou "Alegrar-me-ei e exultarei em ti" (Sl 9.2). Gideão treme de medo e pede a lã, Maria também treme e pergunta por que Deus a escolheu, e assim por diante. Não sabemos o motivo pelo qual os salmistas estão doentes em seu coração ou o que Jesus faz com o seu espírito profundamente perturbado. Por ora, o que todos nós precisamos é observar que o primeiro passo da Escritura ao lidar com as emoções das pessoas sobre quem ela fala é simplesmente identificar os sentimentos delas.

EXAMINE

Uma vez que você observou uma emoção presente, o próximo passo não é algo que exija muito: olhe para ela, vire-a e veja o que você pode aprender a seu respeito. Aqui, puxamos novamente as categorias "comunicar", "relacionar", "motivar" e "elevar" (veja o cap. 2). Suas emoções estão sempre lhe dizendo algo sobre o que você está valorizando, com o qual você está se importando ou que você está amando. O que elas estão lhe dizendo? Elas estão sempre dizendo algo sobre seus relacionamentos. O que seus relacionamentos estão dizendo? Elas estão sempre pressionando você para algum tipo de ação. O que as ações estão energizando você a fazer? Finalmente, suas emoções estão influenciando seu relacionamento com Deus de alguma forma. Qual é o efeito delas sobre sua adoração nesse momento? Em outras palavras, examinar as emoções implica fazer perguntas como: "Por que estou sentindo isso?", "A que estou reagindo?", "Por que isso está me atingindo de forma tão dura?", "Por que isso não está me afetando da forma como costuma fazer?", "Como essa emoção está me fazendo querer me comportar?".

Olhemos para um exemplo hipotético. Suponha que você identifique que está sentindo ira. Ao examinar essa emoção, você observa que está irado porque sua esposa quebrou o cortador de grama. Quando descobriu que ela tinha feito isso, você não disse nada, mas desde então você tem sido rude e não estava para muita conversa no jantar. Por dentro, você ficava pensando: *Ela sabe que eu sempre cuido da grama no sábado; por que é que ela não deixou o cortador quieto?*

O que você pode aprender sobre si mesmo com isso? Aqui estão algumas possibilidades. Primeiro, sua ira o está levando a recuar (falando menos do que o normal e menos calorosamente do que o normal). Segundo, sua emoção está acarretando uma tensão entre você e sua esposa. Terceiro, você valoriza a eficiência e o conforto. Perder (você provavelmente chamaria isso de "desperdiçar") tempo ou dinheiro para consertar o cortador de grama afasta tempo e dinheiro de outras coisas que você queria realizar ou que queria desfrutar. Se essas coisas forem verdade, isso faz de você uma das cerca de 7 bilhões de pessoas no planeta que valorizam ter as coisas correndo bem! Sua ira está identificando esse revés como uma coisa ruim que não deveria ter acontecido. Finalmente, no entanto, os pensamentos frustrados que correm em looping na sua cabeça sugerem que, nesse momento, você se preocupa mais com a inconveniência do que com as boas intenções que sua esposa demonstrou ao fazer algo para melhorar sua vida. Você está mais preocupado com o resultado do que com os motivos dela.

Isso pode parecer óbvio, mas é importante reconhecer que a mesma situação pode transcorrer de forma muito diferente. Por exemplo, sua ira contra ela poderia ser por você se sentir insultado — ela deve pensar que você não é homem o suficiente para fazer seu próprio trabalho de jardinagem. Ou você pode ter ficado irado consigo mesmo por não ter cuidado do gramado no último fim de semana e ter criado uma situação em que ela sentiu que tinha que fazê-lo. Você pode estar com raiva porque, mais uma vez, ela não perguntou como fazer algo antes de sair fazendo; ou pode estar com raiva dela por ela não

126 | ORGANIZE *suas* EMOÇÕES

ter perguntado, já que sempre pergunta, e esse inconveniente não teria acontecido se ela tivesse se atido ao roteiro. Você poderia ficar irado com o fabricante do cortador de grama, que projetou um produto tão frágil.

Essas são apenas opções diferentes para o motivo da sua ira, mas é claro que sua resposta poderia ter sido algo além dela! Você poderia ter sentido medo; e, em vez da ira que levasse à retração irritada, você poderia ter tranquilizado sua esposa por não querer que ela ficasse chateada com você ou com a situação e tornar a vida infeliz. Ou você poderia ter sentido alegria, pois, após alguns conflitos recentes entre vocês, ela tomou a iniciativa e fez algo para abençoá-lo, e não pediu ajuda porque queria que fosse uma surpresa. Cem dólares na loja de consertos de pequenos motores? Um pequeno preço a pagar por um presente desses.

A lista de possíveis razões para se sentir irado, com medo ou alegre em uma situação é interminável. Para nossos propósitos, ao se examinar, você ainda não está interessado em saber se o que está vendo é bom ou ruim; você está apenas tentando entender o que está acontecendo. Se o que você vê é um problema ou não, você quer se tornar o mais consciente possível daquilo com o qual está se importando, como está se relacionando e o que está fazendo em resposta a isso.

AVALIE

Uma vez que você tenha identificado que algo está ocorrendo dentro de você e examinado o que está acontecendo nesse sentimento, você está pronto para dar o próximo passo lógico:

descobrir quais aspectos do que você está sentindo são bons e piedosos e quais são destrutivos ou egoístas. Isso é difícil de fazer! Você raramente encontrará apenas coisas boas em suas emoções ou apenas más. Em vez disso, você quase sempre as encontrará misturadas entre si. E há muito em jogo; você não estaria sentindo emoção por isso se não houvesse.

Como nosso marido com a grama alta e com a esposa prestativa, ainda que não tão mecanicamente habilidosa, poderia avaliar sua ira? Ele certamente não precisa se sentir mal com seu desejo de usar o sábado de forma eficiente ou por esperar que máquinas funcionem. Desde que Adão e Eva pecaram, parte do sofrimento humano é que nosso trabalho é assolado por espinhosos contratempos, avarias e obstáculos. A Bíblia chama isso de "maldição", não uma parte necessária do círculo da vida, e estamos certos em sentir raiva em relação às consequências quebradas e que frustram planos, uma vez que todas elas são resultantes de vivermos em um mundo deformado pela presença do mal. Deus, na verdade, usa as frustrações em nosso trabalho para nos lembrar do impacto do pecado e para nos deixar ansiosos pelo retorno de seu Filho a fim de que restaure todas as coisas. A raiva contra um cortador de grama quebrado pode ser parte de se ter fome e sede pelos átrios do Senhor!

Dito isso, quando a ausência de inconvenientes está impulsionando a reação de um homem, em vez de apreço pelos esforços de sua esposa em ajudar, algo está errado. Um bom desejo azedou por ter ficado fora de ordem no esquema de prioridade. Quando a ira diante de um mundo quebrantado se transforma em uma retração rude, uma punição aplicada a

128 | ORGANIZE *suas* EMOÇÕES

uma esposa bem-intencionada, ela perde seu ímpeto divino e exacerba a maldição mais um pouquinho.

Nosso Deus nos chama a amar o que ele ama e a odiar o que ele odeia. Poucas coisas trazem mais alegria ao coração de Deus do que atos de amor premeditado e autossacrificial um pelo outro. Fomos feitos para dar e receber amor assim como o Pai, o Filho e o Espírito valorizam, honram e glorificam um ao outro. Ignorar ou não ser movido pela bondade atenciosa e pessoal de uma esposa aponta para um coração egocêntrico e que acha que tem direitos. Infelizmente, cada um de nós muito frequentemente age movido pelo egocentrismo e pelo direito próprio.

O resultado final ao avaliar as emoções é o seguinte: não há problema em ficar chateado com o que perturba Deus, e contente com o que o faz feliz. Porém, quando você se vê ignorando o que agrada a Deus (por exemplo, as intenções da esposa) e agindo de maneira que o deixa irado, você precisa avaliar suas emoções como reveladoras de algo errado em seu coração.

AJA

Quando souber *o que* você está sentindo, tiver nomeado *o que* está sentindo da melhor maneira possível e tiver decidido *quais* aspectos do sentimento são bons e quais são ruins, você estará finalmente pronto para agir. Embora as opções de ação sejam infinitas, as respostas adequadas às emoções se encaixam em duas categorias fundamentais.

Por um lado, queremos abraçar e nutrir os amores do nosso coração e os comportamentos que são bons. Por outro, queremos resistir e até mesmo matar de fome os amores e as ações que são ruins.

Lembre-se: isso não significa se concentrar principalmente na mudança das próprias emoções! Mudar seus sentimentos *não* é seu maior objetivo. Em vez disso, queremos deixar que a avaliação que fazemos de nossas emoções nos impulsione a agir de forma que realmente tenha um impacto sobre os profundos amores e tesouros do nosso coração. Assim, passaremos os próximos três capítulos analisando várias opções para nutrir ou alimentar os bons ou maus amores subjacentes às nossas emoções.

Para lhe dar uma ideia de para onde estamos indo, vamos voltar, uma última vez, ao nosso marido zangado e pensar no que ele deve fazer. Primeiro, é completamente justo que ele ore para que o cortador de grama seja consertado de forma fácil e barata. Segundo, seria realmente *bom* para ele expressar a Deus sua frustração por causa do equipamento quebrado e expressar seu desapontamento sobre o impacto negativo em seu sábado. Depois disso, entretanto, seu exame e avaliação devem mostrar-lhe que seu coração está no lugar errado, se importando mais com seu conforto e conveniência do que com o amor de sua esposa por ele ou seu crescimento espiritual. Queremos que essa constatação o leve ao arrependimento honesto na conversa com Deus sobre o problema que esse autoexame descobriu em seu coração.

Finalmente, embora possa precisar de alguns minutos para esfriar a cabeça, ele precisa conversar com sua esposa. Toda a autoconsciência interna do mundo não ajuda se não levar a uma mudança no relacionamento e na ação. Ele precisa

130 | ORGANIZE *suas* EMOÇÕES

começar pedindo desculpas a ela por ser lacônico. Pode ser que ele queira tranquilizá-la dizendo que tudo vai ficar bem. Ele certamente deve agradecê-la por tentar cuidar de algo para ele. Pode até mesmo caber um pedido gentil da parte dele para que ela peça pela contribuição dele em relação a equipamentos de gramado no futuro. Olhando um pouco mais adiante, essa poderia, na verdade, ser uma grande oportunidade para algum estudo bíblico contínuo e direcionado (procurando ajuda de amigos ou de um pastor se ele estiver sem saber para onde se dirigir na Escritura) a fim de estimular e pressionar seu coração em direção à valorização das coisas que durarão pela eternidade (o amor de sua esposa) mais do que as coisas que passarão (dinheiro, tempo e gramados cortados).

MIL MANEIRAS DE LIDAR

Nossa esperança é que você não ache isso avassalador. Certamente poderia ser avassalador pensar em todas os diferentes significados que nossos sentimentos podem ter e em todas as diferentes maneiras que talvez tenhamos que responder. Uma das grandes alegrias da nossa fé, no entanto, é que uma grande variedade de respostas práticas e concretas às coisas que encontramos em nossos corações pode expressar fé. Deus nos deu uma quantidade chocante de margem para vivermos nossa fé — há tantas ações e maneiras corretas de nutrir o que é bom e de matar o que é mau! Quanto mais entendemos a conexão entre nossa situação, nossas emoções e nossos amores, mais seremos capazes de frutificar, criativa e consistentemente, no lidar com nossos sentimentos.

Mas, antes de começarmos a explorar as mil maneiras de cultivar corações saudáveis, há uma peça vital do quebra-cabeça que precisa de seu próprio capítulo. Sem essa peça, toda a figura se desmonta.

PERGUNTAS PARA REFLEXÃO

Ao encarar seus próprios sentimentos:
1. Isso está fazendo algum sentido?
2. Qual passo é mais difícil para você: identificar, examinar, avaliar ou agir?

Ao ajudar os outros:
1. Como você pode ajudar alguém a identificar emoções em si mesmo que ele ou ela não conseguem ver? Se a pessoa com quem você caminha lhe perguntou: "Que emoções eu sinto com mais frequência, baseado no que você tem visto?", o que você diria?
2. Quando você pensa em avaliar as emoções de alguém, você se vê imediatamente buscando um ídolo para derrubar? É tentador "ajudar" os outros dizendo: "Aqui está o que há de errado: apenas mude isso e ficará tudo bem".

9
Lidar com as emoções
significa envolver Deus

Normalmente é considerado falta de educação apontar as falhas em sua escrita. Mas, no último capítulo, nós deixamos uma lacuna no que dissemos sobre lidar com nossas emoções e é absolutamente vital que a preenchamos.

Você percebeu o que estava faltando? Levar nossas emoções a Deus ficou de fora da lista de passos!

Nós, porém, deixamos a oração de fora dos quatro passos para o lidar com as emoções por uma razão muito boa: envolver Deus em suas emoções e sobre suas emoções não é um passo em um processo! Em vez disso, cada nuança de cada aspecto de cada passo também deve envolver Deus. Lidar com nossas emoções significa de fato identificar, examinar, avaliar e agir, mas também significa envolver aquele que as criou. Lidar com as emoções sem incluir Deus é uma receita para o desastre.

134 | ORGANIZE *suas* EMOÇÕES

Nossas emoções são fundamentalmente criadas para nos forçar a nos envolver com Deus, e a maior mentira — que, ironicamente, tanto o estoicismo quanto o hiperemocionalismo compram — é que nós podemos e devemos lidar com nossas emoções sem trazê-las ao Senhor. Se nós não envolvemos Deus, mas simplesmente usamos um "sistema baseado na Bíblia" ou um "método" para lidar com as emoções, nós perdemos a esperança central que temos como cristãos. Essa esperança não está em um sistema de estratégias que podemos colocar em prática (embora sejamos gratos por termos um plano de ação!), mas em um Salvador, em um Pastor e em um socorro sempre presente no momento da necessidade, o qual nos enxerga, nos conhece, nos ama e de fato tem o poder, bem aqui e agora, para nos ajudar com a agitação do nosso coração.

Vejamos se conseguimos desacelerar e captar o aroma disso nas Escrituras.

ENVOLVER DEUS SIGNIFICA DERRAMAR O SEU CORAÇÃO

Envolver Deus em nossas emoções é bem simples — mesmo que possa ser excessivamente difícil nos fazer executar. O Salmo 62.8 captura isso com profunda simplicidade:

> Confiai nele, ó povo, em todo tempo;
>
> derramai perante ele o vosso coração;
>
> Deus é o nosso refúgio.

Lidar com as emoções significa envolver Deus | 135

Se você confia em Deus, nos diz Davi, então *derrame o seu coração* diante dele. Ou, dito de outra forma, confiar em Deus inclui necessariamente derramar seu coração a ele.

Mas o que significa "derramar seu coração"? A metáfora realmente funciona bem com nossa analogia emocional do balde de tinta do capítulo 3 (p. 58). Derramar seu coração significa simplesmente nomear as cores que você sente mais fortemente. Significa levar a Deus a mistura de tintas agitadas e que respingam e derramá-la nas mãos dele, uma frase de cada vez.

Deus nos convidar e até mesmo nos ordenar a fazer uma coisa dessas é bem chocante. Por que ele estaria disposto, e ainda mais ávido, para ouvir as angústias e os deleites interiores das pessoas que desde o nascimento se rebelaram contra ele? Por que Deus iria querer corações derramados em suas mãos quando esses corações estão divididos, cheios de tesouros que competem com a devoção exclusiva a ele? Por que Deus escolheria se preocupar ou ouvir o choro, a súplica ou o louvor de uma criatura pecadora que fez seu Filho amado passar por angústias físicas e emocionais que jamais poderíamos imaginar? Você ofereceria seu ombro a alguém que matou seu filho para que essa pessoa pudesse chorar?

Precisamos reforçar esse ponto. Todos nós somos facilmente presunçosos, cegos para o privilégio que nos é oferecido no chamado de Deus para derramar nosso coração. Imagine, o próprio Pai se importa com o que você pensa, convida você a conversar seriamente com ele a qualquer momento, pelo tempo que você precisar. Uma honra impressionante — mas, ainda assim, vemos a oração como um dever cansativo.

136 | ORGANIZE *suas* EMOÇÕES

(Mesmo a familiaridade do termo "oração" pode trabalhar contra nós.) Não nos ocorre, na maioria das vezes, que a oração pode e deve incluir simplesmente falar com Deus sobre o que está em nosso coração.

Sim, isso é exatamente o que observamos, vez após vez, nos Salmos.

Muito frequentemente, até mesmo tirar um tempo para pedir a Deus em oração que nos ajude ou que faça coisas por nós tem a sensação de inconveniente e não prático. *O que poderia ser mais ineficiente*, nós pensamos, *não fazer nada além de tagarelar em oração sobre os seus sentimentos!* E, no entanto, em sua misericórdia, Deus escolhe nos oferecer seu ouvido atento, extraindo as profundezas da nossa alma na segurança do relacionamento com ele.

Precisamos ser interrompidos pelo chocante presente de podermos derramar nosso coração a Deus.

A importância das emoções em nosso relacionamento com Deus não deveria nos surpreender. Como dissemos no capítulo 5, os relacionamentos necessitam de emoções assim como o fogo necessita de oxigênio. Fica claro, então, que se as nossas emoções são a forma como o nosso coração foi criado para se alinhar a Deus, na realidade, o nosso relacionamento com ele deve ser o mais emocional que temos.

Fundamentalmente, Deus nos deu emoções para nos conectar, ligar e atrair a ele. Lidar com suas emoções de qualquer outra forma que não seja trazendo-as a ele vai contra a própria fibra da sua natureza humana e portadora da imagem dele. É possível que os seres humanos façam mudanças significativas em seus motivos e sentimentos por meio de força de vontade, criatividade, pura determinação, acaso ou esforço próprio, sem qualquer referência ao Deus que lhes criou? Sim. Porque Deus nos criou com o poder de exercermos um impacto real em nosso mundo e em nós mesmos, e, por causa de sua misericórdia sobre nós, até mesmo as pessoas que não creem que ele existe podem fazer com que suas emoções corram no caminho de suas preferências. Mas, para que seus sentimentos reflitam os sentimentos de Deus sobre o mundo dele e sobre tudo o que acontece no mundo, você precisa trazer seus sentimentos a Deus. Tentar desenvolver um coração cujas emoções transbordam de amor por aquilo que Deus ama sem trazer seus sentimentos a Deus é semelhante a voar com as batidas de seus braços ao invés de embarcar em um avião.

QUEM VOCÊ ESTÁ ENVOLVENDO IMPORTA

O Salmo 62 diz mais uma coisa muito importante que ainda não mencionamos. Ele não termina com a ordem de confiar em Deus ao derramar seu coração, mas termina dizendo o *motivo* pelo qual você pode derramar seu coração e *por que* você pode confiar nele.

Deus é o seu *refúgio*.

É difícil exagerar a ênfase que a Escritura dá a esse ponto. Inúmeros versículos ecoam as palavras do Salmo 71.3:

> Sê minha rocha de refúgio,
> onde *sempre* posso me esconder.

138 | ORGANIZE *suas* EMOÇÕES

A menos que você saiba que Deus é digno de confiança, você não vai confiar a ele os tesouros preciosos do mais íntimo do seu coração. Somente um Deus que promete ouvi-lo e que realmente lidará com ternura com os frágeis afetos de sua alma inspira em nós a confiança necessária para depositarmos nossos amores em suas mãos. É porque Davi sabe quão profundamente todos nós lutamos para confiar a Deus as coisas que realmente são importantes para nós que ele enfatiza que Deus é um refúgio quando nos chama a desnudar nosso coração.

A Escritura está cheia de promessas semelhantes. Por que Pedro fala "lançando sobre ele toda a vossa ansiedade" (1Pe 5.7)? Ele nos diz nas mais simples palavras: porque "ele tem cuidado de vós". Você percebe o que significa cuidar de alguém? Dedicar tempo, energia, pensamento e esforço ao que será bom para a outra pessoa e depois agir em função disso, porque você sente profunda preocupação e afeição por ela. Ou, quando o autor de Hebreus nos encoraja a achegarmo-nos com confiança ao trono de Deus com nossas necessidades de sustento e misericórdia, perceba que ele começa por nos assegurar que Jesus é capaz de se compadecer de nós em nossa fraqueza e fragilidade (Hb 4.15-16). O autor de Hebreus quer que saibamos que Deus é forte e está próximo o suficiente para lidar com nossos tesouros mais frágeis.

A Bíblia não vai abrir mão no seguinte ponto: nós realmente podemos confiar em Deus. Temos todas as razões para crer que ele está totalmente comprometido em fazer-nos o bem e que ele é mais digno de confiança em cuidar de nós do que nós o somos para cuidar de nós mesmos. E precisamos de cada pedacinho disso se quisermos derramar nossos corações a ele. Para nós, é demasiadamente instintivo permanecermos distantes, desapontados ou exigentes e, como resultado, recuarmos e guardarmos nosso coração para nós mesmos.

ATÉ JESUS FEZ ISSO

Jesus levava suas emoções a Deus? Ele precisava fazer isso? Se os amores de Jesus eram perfeitos, então suas emoções também eram perfeitas. Não lhe parece que Jesus não deveria ter tido a necessidade de se preocupar em orar por causa de suas emoções? Ainda assim, ele orava por elas.

Comecemos pelo exemplo mais vívido: o jardim de Getsêmani. Quando Jesus diz: "A minha alma está profundamente triste até à morte" (Mt 26.38), o que ele faz? Ele não retira uma garrafa extra de vinho da Última Ceia e alivia a tensão. Ele não se afasta de suas emoções para se distanciar e procura voltar à calma de sua mente sábia. Ele nem sequer começa a recitar seus versículos bíblicos favoritos ou pregar a verdade a si mesmo para que possa permanecer focado em executar a próxima tarefa para Deus. Ao invés disso, ele faz duas coisas simples e relacionais. Ele fala honestamente com seus amigos sobre o pavor e a dor que sente ao antecipar as próximas 24 horas. (De certa forma, sua escolha de convidar os humanos cheios de pecado para participarem de suas emoções e pedir a ajuda deles em oração é ainda mais chocante do que sua necessidade de levar seus sentimentos ao Pai!) Então, tendo pedido a ajuda de seus discípulos, ele cai de joelhos e derrama o coração ao seu Pai, assim como o Salmo 62 exorta.

140 | ORGANIZE *suas* EMOÇÕES

Como foi o som desse momento? Ele não se enfureceu nem barganhou. Em vez disso, os clamores que ecoaram através das árvores para seus discípulos naquela noite foram o material do relacionamento puro e da confiança profunda. Nos termos mais simples, Jesus colocou seu coração, sua dor, suas esperanças e sua horrorizada antecipação da agonia em mãos absolutamente confiáveis.

As lágrimas sinceras do Getsêmani são a prova de que nossas emoções, por mais sombrias que sejam, devem ser uma porta aberta entre nossos sentimentos mais íntimos e a sala do trono do nosso Pai. Se Jesus trouxe ao Pai sua tristeza desesperada e seu desejo urgente por uma saída, como não podemos também nós trazer ao nosso Pai os amores confusos e os sentimentos mistos que esses amores produzem?

Uma vez que você vê Jesus envolvendo Deus em suas emoções no jardim, você começa a ver isso em todos os lugares. Ele envolve Deus mesmo na inimaginável separação que ocorre na cruz, usando as palavras do Salmo 22.1: "Deus meu, Deus meu, por que me desamparaste?" Ele se volta ao seu Pai em Lucas 10.21 e expressa a alegria por Deus trazer os fracos e humildes para o reino, colocando uma barra tão baixa que até crianças pequenas podem entrar (e sobre a qual os orgulhosos tropeçam). Você está começando a ver como os frequentes retiros de Jesus para lugares tranquilos no início da manhã e sua permanência para trás depois de dispensar uma multidão para que ele pudesse passar uma noite orando na encosta de uma montanha são mais do que as diligentes práticas de rituais obedientes, mas sim a força vital de seu ministério? Jesus realmente *precisava* orar. Ele precisava levar seu coração até o Pai, derramar suas preocupações — por ele mesmo, por aqueles que ele amava e por sua missão — para os únicos ouvidos que realmente entendem tudo, as únicas mãos que podem realmente ajudar.

ATRAVESSE A PORTA... CONSTANTEMENTE

Se um dos propósitos centrais de nossas emoções é nos levar a derramar nosso coração a Deus, e se até Jesus precisava fazer isso, por que será que atravessar a porta aberta em direção a Deus é tão difícil para nós? Várias razões vêm à mente, mas todas elas são variações sobre um tema central: nós não confiamos (completamente) nele.

Mas você *vai* confiar em alguma coisa. Você vai levar suas emoções a alguém.

No final das contas, a única razão pela qual nós falhamos em correr na direção do Senhor com qualquer uma de nossas emoções é que não estamos convencidos de que valha a pena.

A razão mais comum de escoltarmos nossas emoções a outros lugares é que nunca nos ocorre levá-las a Deus. Não confiamos a ele nossas emoções porque ele parece irrelevante ou presumimos que devemos nos organizar antes de irmos até ele. Muitos de nós, mesmo aqueles que leem a Bíblia todas as manhãs, agimos como se o nosso tempo de devocional formal fosse a única fatia do nosso dia em que deveríamos ou poderíamos interagir com Deus.

Às vezes, nos retraímos por razões mais dramáticas. Muitos temem que Deus esteja contra eles. Mesmo quando as

142 | ORGANIZE *suas* EMOÇÕES

coisas estão transcorrendo com certa tranquilidade, eles aguardam ansiosos pelo próximo tropeção. Outros descrevem um profundo sentimento de que são cidadãos de segunda classe no reino; certamente se Deus realmente se preocupasse com eles, ele lhes daria a esposa, o emprego, a segurança financeira ou as amizades que ele parece conceder tão liberalmente a todas as outras pessoas. Outros ainda invejam a proximidade e a facilidade com que certos conhecidos parecem se aproximar de Deus e questionam, em silêncio, por que suas próprias caminhadas espirituais são tão sem graça e áridas.

Se você se identifica com essas dificuldades mais "dramáticas", permita-nos oferecer uma palavra de encorajamento antes de seguir em frente. Embora você enxergue maiores problemas em sua caminhada com Deus do que alguém que não pensa em orar fora do horário devocional diário, há, na realidade, uma maneira pela qual você está em uma condição muito melhor. Você está ciente de que tem um problema! Somente aqueles que sabem que precisam de remédio se preocupam em consultar um médico.

Por que é tão importante levar suas emoções constantemente a Deus? Pode ser que ele realmente esteja nos pedindo ainda mais do que devocionais pela manhã, integridade em nossos negócios e não gritar com as crianças?

É muito importante levar suas emoções a Deus, porque ler sua Bíblia, fazer negócios honestos e manter a calma como pais não são o objetivo final da vida humana. Amar ao Senhor e caminhar com ele é que são.

Lidar com as emoções significa envolver Deus | 143

Eu (Alasdair) recentemente fiz com que um homem que eu aconselhava repreendesse a si mesmo por não fazer suas devocionais com frequência suficiente. Ele comentou que a "coisa boa", ou seja, fazer estudos bíblicos pessoais, não iriam acontecer "entre 8h e 18h", quando ele estava trabalhando. Embora eu apreciasse o alto valor que ele dava às devoções diárias, repliquei com veemência ao meu amigo: "A coisa boa é exatamente o que acontece entre oito e seis da tarde. Esse é o objetivo de *ter* devocionais!".

> Ele te declarou, ó homem, o que é bom e que é o que o SENHOR pede de ti: que pratiques a justiça, e ames a misericórdia, e andes humildemente com o teu Deus.
> (Mq 6.8)

Caminhar com Deus, por quantos batimentos cardíacos, aniversários e xícaras de café ele lhe der — essa é a coisa boa. Nada é mais natural do que conversar francamente com um amigo de confiança enquanto vocês caminham lado a lado. Nada é mais humilde, ou mais justo e reto, ou mais adequado em resposta ao convite misericordioso do Deus vivo do que derramar seu coração a ele.

A "coisa boa", então, é um acidente na rodovia por pouco evitado quando você se volta para Deus, seu coração ainda martelando, com uma confusão de "Essa passou muito, muito perto!" e "Muito obrigado pelo que não aconteceu. Uau, isso poderia ter sido tão ruim! Oh, obrigado, obrigado, obrigado" e "Uau! Poxa vida. Eu preciso de um minuto para respirar".

144 | ORGANIZE *suas* EMOÇÕES

A *coisa boa* do relacionamento com Deus é quando você descobre que seu filho roubou algo de outro aluno na escola, e você pega seu medo pelo futuro de seu filho, sua vergonha de como isso se reflete em você como pai, seu sofrimento com o que seu filho deve estar sentindo, e/ou aborrecimento por ter que lidar com a situação (e sejamos honestos, essas coisas nunca acontecem em um dia que você tem tempo!) e leva diretamente a Deus com seu pedido sincero por sabedoria para reagir.

Levar suas emoções a Deus, atravessar a porta aberta, é tão simples quanto falar com ele durante todo o dia, voltar-se para ele a cada bip no radar emocional, cada redemoinho mais forte na corrente de seus sentimentos. O autor e pensador cristão Paul Miller uma vez gracejou dizendo que a ansiedade é uma oração desperdiçada.[1] Será que Miller estava dizendo que qualquer experiência de preocupação de que coisas ruins possam acontecer é pecaminosa? Não. Ele simplesmente quis dizer que fazer qualquer coisa com nossos medos, especialmente perseguir seus pensamentos na roda de hamster da ansiedade, diminui o próprio propósito para o qual Deus nos deu a capacidade de nos sentirmos ansiosos. Nossas ansiedades são destinadas a nos levar diretamente até ele. Todas as vezes.

Não se engane. Há mil respostas falsas à nossa ansiedade. Uma miríade de outros lugares para onde levamos nossos sentimentos de conforto. Tudo, desde drogas ou vícios sexuais, vício de trabalho, comportamentos abusivos e anorexia, redes sociais, comer lanches, centro de esportes e até volumes

---

1 Paul Miller, *A Praying Life: Connecting with God in a Distracting World* (Colorado Springs: NavPress, 2009), 70.

teológicos espessos podem nos desviar do caminho que nossas emoções estão tentando pavimentar para nos levar ao nosso Pai. E, igualmente, cada lágrima, suspiro, exalação explosiva, mágoa, resmungo ou gargalhada levado diretamente ao Amigo que faz sua casa em nosso coração é um gosto do companheirismo para o qual fomos feitos.

Portanto, não guarde seus sentimentos para si mesmo. Nem sequer identifique, examine, avalie e aja por conta própria. Em vez disso, leve a Deus seu coração com a mesma frequência com que ele se derrama dentro de você — não importa a sombra que o surto possa ter — e despeje-o diante dele. Um coração quebrantado e contrito ele não desprezará, nem deixará de regozijar-se com aqueles que se regozijam.

PERGUNTAS PARA REFLEXÃO

Ao encarar seus próprios sentimentos:

1. Para você, o que faz com que seja difícil levar suas emoções a Deus?
2. Pare e fale com Deus sobre o que você está sentindo neste momento. Mesmo que você não esteja "sentindo absolutamente nada". O coração humano nunca jamais está vazio. Envolva Deus nesse momento, derramando o que quer que você encontre lá.
3. Como foi a experiência acima?

Ao ajudar os outros:

1. Da próxima vez que você tiver a oportunidade de orar por alguém pessoalmente, pergunte como essa pessoa está se

146 | ORGANIZE *suas* EMOÇÕES

sentindo sobre a situação dela antes de orar e certifique-se de orar não apenas pela situação, mas também pelos sentimentos que ela descrever, especialmente para que Deus a encontre nessas emoções.

2. O que é mais difícil para *você* ao ajudar outros a levarem as emoções deles a Deus?

10
Lidando com os Relacionamentos

Tendo estabelecido que as nossas emoções desempenham um papel absolutamente vital em nosso relacionamento com Deus, vamos agora olhar mais de perto o *caminho* pelo qual nossas emoções nos conectam com Deus e com os outros. A Escritura aborda isso utilizando a imagem do corpo. Paulo escreve que os coríntios são "membros" de um único corpo (1Co 12.12). Assim como as partes do corpo, nós estamos intimamente unidos uns aos outros, e para que o corpo funcione bem, suas partes precisam estar intimamente ligadas umas às outras. Uma mão que não está ciente do que o resto do corpo está fazendo e vivenciando não é muito útil. Se uma perna não sabe o que a outra perna está fazendo, elas não conseguem coordenar seus movimentos para levar o corpo para frente ou manter o equilíbrio. Por isso, Paulo escreve que estar unido em amor significa

148 | ORGANIZE *suas* EMOÇÕES

que precisamos "nos alegrar com os que se alegram e chorar com os que choram" (Rm 12.15). Quando a outra pessoa é honrada ou está experimentando boas coisas, você se regozija com ela. Quando ela está sofrendo, você sente sua dor. É assim que o corpo age e se move em coordenação e amor.

Isso soa como algo sem rodeios, mas pode ser bem difícil e confuso. Algumas vezes, as emoções se parecem mais com uma barreira à conexão do que com uma ajuda.

UMA CONEXÃO QUE DEU ERRADO: ROGER E LINDA

Considere Roger e Linda. Eles estavam no carro e se atrasaram — novamente. O silêncio gelado encheu o ar. Nada de rádio. Nada de conversa. Roger apenas olhou para a estrada à frente com determinação concentrada. Enquanto ele empurrava o carro para a faixa de ultrapassagem, acelerava e girava ao redor dos carros da frente, Linda apertou o apoio de braço e pressionou um pé no assoalho como se estivesse apertando um pedal de freio invisível.

De repente, ela berrou: "Roger, mais devagar! Você vai nos matar!" Roger respondeu com um olhar fulminante. "Roger, eu não estou brincando! Você não se importa se formos mortos!? Ou você diminui ou encosta e me deixa sair!"

"Pare de ser histérica, eu não estou indo tão rápido assim! Você é o motivo de estarmos atrasados e eu não estou com humor para aguentar seus palpites sobre o meu jeito de dirigir!", ele falou rispidamente.

Há muita emoção nessa conversa, mas essas emoções certamente não estão ajudando os dois a se conectarem. Muito pelo contrário. Roger e Linda estão intensamente conscientes de seus próprios sentimentos, mas são incapazes de se envolver e de compreender a experiência do *outro*. Em certo sentido, eles são dois membros de um corpo separado por suas emoções.

Então, o que está indo mal e para onde eles vão a partir daqui?

UM ROTEIRO PARA SE RELACIONAR

Muitas vezes, é melhor para os relacionamentos quando as emoções têm um papel claramente definido a ser desempenhado e quando sabemos a hora de elas fazerem sua parte. Uma maneira de incentivar isso é seguir uma ordem para a conexão emocional — algo como uma cerimônia de casamento. Cada emoção tem um propósito, um lugar e um tempo para entrar em ação. Você pode pensar nessa ordem como um roteiro, porque muitas vezes ela não parece natural e requer prática. A maioria das pessoas está acostumada com suas emoções empurrando seu caminho para frente em uma bagunça misturada e confusa ou com uma emoção dominando as outras, de modo que os esforços de conexão acabam exacerbando o conflito em vez de promover a harmonia. Ao seguir um roteiro, você pode ter alguma ideia de como cada emoção pode enriquecer o relacionamento em vez de se tornar munição em um conflito. O roteiro segue três etapas que podem precisar ser repetidas várias vezes para que realmente haja uma conexão:

150 | ORGANIZE *suas* EMOÇÕES

1. "Para mim foi assim. Como foi para você?"
2. "Então foi assim para você [resumo]? Eu estou te entendendo direito?"
3. "Como podemos fazer isso de uma maneira diferente?" (E possivelmente) "Isso precisa mudar."

Vamos mergulhar na forma como esse roteiro pode ser executado na prática.

"Para mim foi assim. Como foi para você?"
A primeira fala do roteiro pode ser a mais difícil de dizer, porque a ira muitas vezes está pressionando para ficar na linha de frente. Mas todos nós sabemos como as coisas, muitas vezes, saem mal quando deixamos a ira falar primeiro. Temos a tendência de fazer suposições e lançar acusações à outra pessoa, o que só leva à defensiva e a um contra-ataque como resposta. A ira não precisa ser assim, mas quando a deixamos ir à frente, ela tende a deslocar todas as outras emoções que nos ajudam a nos conectar inicialmente — compaixão, preocupação e paciência. Assim, em vez de iniciar com a ira, desacelere o suficiente para se conectar com sua genuína preocupação em relação à outra pessoa. Então, compartilhe essa preocupação como uma revelação honesta e humilde sobre o que estava acontecendo dentro de você e uma preocupação sincera sobre o que estava acontecendo dentro da outra parte. Esse primeiro passo é essencialmente um convite para revelar e se conectar através da sua própria vulnerabilidade. Você está à frente.

Vulnerabilidade: "Para mim foi assim". Quando você está trabalhando com suas emoções com outra pessoa, é importante iniciar com a sua própria vulnerabilidade. A vulnerabilidade estende um ramo de oliveira de caridade, em vez de liderar a conversa com acusações. Se Roger iniciasse a conversa com vulnerabilidade, ele poderia dizer algo assim a Linda:

> Quando saímos de casa, eu senti que você estava com raiva de mim e não queria ser criticada. Eu queria que você soubesse que eu estava chateado, mas eu estava tão bravo que não sabia o que dizer, e então me retraí e fiquei calado. Sinto muito. Eu não quero que haja um silêncio gelado entre nós. Quero estar perto de você. Podemos conversar sobre isso?

Ele *não* diria: "Linda, eu senti que você estava agindo de forma muito irritante. Como foi para você?" Isso é apenas um ataque ligeiramente camuflado com as palavras "eu senti que".

A vulnerabilidade é importante porque somente pessoas dispostas a parar de atacar e acusar e, em vez disso, que desejam abrir seu coração umas às outras serão capazes de superar conflitos e se aproximar. No entanto, a vulnerabilidade também é muito difícil; é muito mais seguro se conter e culpar um ao outro do que cada um assumir sua parcela de responsabilidade no conflito (mesmo que isso pareça apenas 1%).

Entenda que estar vulnerável é, por definição, assumir um risco. (*Vulnerável* vem de duas palavras que significam "capaz" e "ferida".) Por exemplo, se Roger de fato desacelerasse e falasse

152 | ORGANIZE *suas* EMOÇÕES

para Linda as palavras vulneráveis que você acabou de ler acima, Linda poderia facilmente usar a declaração de Roger contra ele e dizer: "Bem, se você não tivesse sido tão infantil, então não teríamos essas discussões". No entanto, ao ser vulnerável, você está dando um grande passo em levar a conversa para longe da guerra de culpas. São necessários dois para manter uma guerra acontecendo, mas quando você inicia com vulnerabilidade, está batendo em retirada da batalha ao agir com humildade, colocando o bem do relacionamento restaurado à frente do seu próprio conforto ou da necessidade de estar "certo". Ser o primeiro a baixar suas armas e expressar um desejo real de compreender e ser compreendido pode ser assustador. Porém, a disposição em assumir o risco em prol da outra pessoa é exatamente o que torna a vulnerabilidade tão poderosa. Você está sinalizando para o outro que é seguro ele fazer o mesmo. A pessoa pode captar sua mensagem como um sinal de fraqueza e escolher atacar? Sim, mas isso encarna a graça que Deus nos mostrou em Jesus, o que é poderoso. Estamos aprendendo a seguir a Deus em fé. "A bondade de Deus é que te conduz ao arrependimento" (Rm 2.4).

Empatia: "Como foi para você?" Lembre-se, emoções dizem respeito à conexão, o que significa tanto ser conhecido como *conhecer*. Sua revelação vulnerável deve ser seguida de um convite genuíno para que a outra pessoa faça o mesmo e de sua disposição em ter empatia.

Ouvir com a avidez de compreender e de se importar é tão importante quanto iniciar com a vulnerabilidade. Da mesma forma que a empatia é essencial para a amorosa resolução de conflitos, ela também é um elemento essencial do evangelho. O autor de Hebreus aborda isso quando escreve que Jesus precisou "se [tornar] semelhante aos irmãos, para ser misericordioso" (Hb 2.17). "Porque não temos sumo sacerdote que não possa compadecer-se das nossas fraquezas; antes, foi ele tentado em todas as coisas, à nossa semelhança, mas sem pecado" (Hb 4.15).

Podemos dizer que a empatia é uma expressão emocional da encarnação. É uma forma de dizer: "Quero saber como essa situação foi para você, em vez de apenas imaginar como a sua situação seria para mim". Entenda que Deus não *precisava* andar por aí em nosso mundo, mas ele o fez mesmo assim. O melhor tipo de amor quer andar no mundo do outro para realmente se aproximar, estar no mesmo nível do coração. Parte da vulnerabilidade é dizer com efeito: "Deixe-me entrar em seu espaço para que eu realmente possa entendê-lo em amor".

Tomemos um exemplo diferente. Suponha que uma amiga lhe diga que o marido dela cometeu adultério. Instintivamente, você imagina como seria ouvir isso. Em vez de perguntar-lhe como ela se sente, você pensa na raiva que sentiria se estivesse no lugar dela. Então, com raiva, você diz: "Eu simplesmente não conseguiria ficar casada com alguém que me traiu! Eu o expulsaria de casa e mudaria as fechaduras tão rápido que o deixaria tonto!" E talvez seja exatamente assim que sua amiga se sente, mas talvez não. De qualquer forma, você não considerou as muitas outras coisas que ela poderia estar sentindo — pesar, medo, vergonha e culpa, só para citar algumas emoções. A menos que você pergunte e esteja disposta a entender, você não saberá.

Ter empatia significa perguntar como é para *ela* ser *ela*, dada a história *dela* e a história do casamento *dela*, e ter o

154 | ORGANIZE *suas* EMOÇÕES

marido *dela* traindo-a. Ao dizer-lhe como seria para você, você simplesmente leu a si mesma na situação dela. Você a colocou em seu mundo em vez de visitar o dela. E para entrar no mundo dela, você precisa ouvi-la com atenção e compaixão quando ela começar a compartilhar a experiência dela.

Ser como Cristo em sua amizade, ou em seu conflito, significa seguir esse convite vulnerável e essa revelação com uma curiosidade santa que deseja conhecer e se importar com a experiência do outro. Perguntar genuinamente "Como foi para você?" convida os outros a compartilharem seus corações com você, e esse é o primeiro passo para se conectar.

"Então foi assim para você [resumo]?
Eu estou te entendendo direito?"

Parte de se envolver no mundo do outro de uma maneira semelhante à de Cristo é falar a partir da perspectiva da outra parte. Você deve resumir esse mundo em suas palavras. Você tem que entender de forma crível e expressar articuladamente a voz da outra pessoa para que ela *saiba* que você sabe. Novamente, isso é fundamental para o amor semelhante ao de Cristo e reflete a atitude de Jesus em relação a nós. Em vez de apelar para a onisciência, Deus abriu seu ouvido para nós em carne e osso para que "não [tivéssemos] sumo sacerdote que não possa compadecer-se das nossas fraquezas" (Hb 4.15).

Caridade: "*Então foi assim para você [resumo]*"? Por mais básico que possa soar, simplesmente reafirmar a perspectiva da outra pessoa, da maneira mais genuína e precisa possível, pode desanuviar significativamente a conversa. Além disso, restabelece a própria credibilidade, a afinidade e a cordialidade sobre as quais se espera que o relacionamento seja construído. Declarar caridosamente a perspectiva do outro (o que é muito difícil quando as palavras dessa pessoa o acusam) concede ao ponto de vista da pessoa uma dignidade que estaria faltando se você meramente caricaturasse a experiência dela a fim de declarar o seu próprio ponto de vista.

Mas a ira tenta forçar novamente o caminho para ficar na frente quando você percebe imprecisões e falsidades implícitas na perspectiva da outra pessoa. Nesse caso, é importante lembrar que seu resumo não deixa implícito um endosso dessa perspectiva e não precisa incluir uma avaliação. Se você sente que é importante deixar essa distinção clara, então você precisa dizê-la de uma maneira que reforce o seu cuidado com a pessoa e o seu desejo de entendê-la: "Se foi assim que você ouviu o que eu disse, eu entendo completamente por que você disse o que disse. E não quero que você se sinta dessa maneira. Estou empenhado em fazer o que posso. Eu *me importo* com o fato de você sentir-se magoado".

Entender as experiências da outra pessoa e se importar com elas não é o mesmo que concordar com essas experiências. Minha perspectiva ainda é minha e eu ainda posso pensar que estou correto. No entanto, precisamos chegar ao ponto de nos importarmos genuinamente com a experiência da outra parte, ainda que não concordemos com a interpretação que nos foi dada.

Humildade e paciência: "Estou te escutando direito?" Verificar sua compreensão da perspectiva do outro é

156 | ORGANIZE *suas* EMOÇÕES

igualmente importante. Se a outra pessoa tiver a sensação de que você está ouvindo apenas para ganhar o direito de descarregar suas próprias frustrações, então seu resumo caridoso não será significativo. Perguntar "Estou ouvindo bem?" tem o objetivo de expressar um compromisso genuíno com a dignidade e o valor daquela pessoa. O propósito é comunicar o seguinte: "Eu me preocupo mais com o que está acontecendo com você do que com ganhar uma briga". E se o outro acha que você não está entendendo direito, então você precisa lhe pedir que o ajude a entender o que falta e continuar ouvindo!

Em minha experiência (Winston) na sala de aconselhamento e em minha própria vida, fazer essa pergunta é, muitas vezes, a diferença entre a desconexão suspeita e a construção de uma relação de confiança. Quando eu sinto que posso confiar em alguém porque ele está lidando com a minha perspectiva com cuidado, minhas defesas caem e eu me torno muito mais disposto a entrar no mundo dele. Ele está construindo credibilidade comigo. Está colocando capital em nossa conta bancária relacional. Em minha opinião, *uma vez que você está disposto a ver as coisas do meu ponto de vista, então talvez eu possa trabalhar para ver as coisas do seu ponto de vista também.*

Jesus não tem um conhecimento abstrato de quem eu sou ou do que eu vivencio. Ele de fato participou da minha experiência e eu confio nele como meu Sumo Sacerdote. Ele habitou meu mundo e minha experiência, portanto agora eu irei segui-lo.

"Como podemos fazer isso de uma maneira diferente?"
(E possivelmente) "Isso precisa mudar."

Coragem: *"Como podemos fazer isso de uma maneira diferente?"* O processo começa com vulnerabilidade, sua vontade de revelar seu coração, e nesse ponto ela vem novamente para o primeiro plano. Aqui, porém, talvez seja mais útil pensar nisso em termos de coragem. Você já sabe o quanto as coisas podem ir mal (foi assim que esse conflito esquentou, em primeiro lugar), mas a presença de Deus e a promessa dele de ajudar lhe dão boas razões para acreditar que vocês podem se entender melhor, se importar mais um com o outro e, assim, esperar que vocês possam realmente trabalhar juntos para tornar as coisas melhores.

É necessário coragem para fazer o trabalho da mudança em vez de se retrair emocionalmente ou sair de cena.

Suponha que Roger e Linda realmente ouçam, entendam, se importem e se conectem. Linda ouve a frustração de Roger sobre o atraso e assume a contribuição dela para o problema. Roger ouve como sua impaciência e sua direção agressiva não apenas foram frustrantes para Linda, mas a deixaram com medo e se perguntando se Roger se importava. Ambos reconhecem seus pecados, se arrependem e pedem perdão. Mas o amor requer que os dois olhem para frente. Como eles podem fazer com que isso tenha menos probabilidade de ocorrer novamente? É claro, não importa o que eles decidam, não há garantias. No momento, quando as emoções estão à toda velocidade, pode ser que eles tenham reações muito semelhantes e o ciclo se repita. É preciso coragem para que eles não apenas busquem a ajuda do Senhor e

158 | ORGANIZE *suas* EMOÇÕES

imaginem como podem fazer escolhas diferentes e responder de forma diferente, mas também é preciso crer que ambos farão isso.

Ira: "Isso precisa mudar". A ira é uma das emoções sobre a qual a Escritura mais frequentemente nos adverte. Nós tendemos a preferir a ira às emoções que nos fazem sentir fracos ou vulneráveis. A ira é rápida, capaz de passar de um leve incômodo para uma raiva sem limites em questão de segundos. Ela é poderosa, nos carrega fisicamente, e quando há falta de autocontrole, pode destruir os relacionamentos. Não é à toa que a Bíblia emite tantos avisos sobre os perigos que a envolvem.

A ira também desempenha um papel na defensiva. Quando estamos irados, muitas vezes nos concentramos em nosso senso de que estamos certos e a outra pessoa está errada, e toda a nossa energia emocional vai nessa direção. Linda confronta Roger de forma irada, sentindo que ele está dirigindo perigosamente e não se importando com a segurança dela. Roger confronta Linda de forma irada, sentindo que ela está reagindo exageradamente e que é a culpada pelo atraso deles. Talvez sua condução agressiva seja, por si só, uma expressão não falada de raiva destinada a "ensinar a ela uma lição". É óbvio que duas pessoas unicamente focadas em provar que estão certas não estão muito propensas a envolverem-se umas com as outras, ouvirem e entenderem uma as outras. Ao contrário, elas fortificam a si mesmas contra os ataques do outro, avançam seus próprios ataques, e o conflito aumenta.

Mas usar a ira como energia para dobrar as apostas na defensiva é fundamentalmente não entender o que é a ira. A ira de Deus não é dobrar as apostas, mas *entregar as pessoas aos desejos delas* (Rm 1.24), mantendo, ao mesmo tempo, um desejo de reconciliação. Em outras palavras, eu não posso e não vou intimidá-lo para que você me ame, pois isso é fundamentalmente manipulativo e não resulta em amor. No entanto, eu deixarei que você siga seu caminho e me afastarei do comportamento pecaminoso e destrutivo, se necessário. Há mais a ser dito sobre a ira, mas isso virá em um capítulo mais à frente.

A ira tem um papel a desempenhar e pode ter uma voz, mas na maioria das vezes é mais sábio suavizar o tom com humildade e preocupação e reter a ira, se possível. Se você der o microfone a ela, é importante entender seu *propósito*. Fundamentalmente, o papel da ira é dizer: "Ei, não está tudo bem fazer isso!" ou "Isso está realmente errado!". A ira me dá a energia e a coragem para enfrentar os erros. Ela é frequentemente manifestada primeiro, porque muitas vezes chega primeiro ao cenário — quando a sobrevivência está em jogo, precisamos dela *imediatamente*. Se um criminoso invade minha casa e coloca meus entes queridos em risco, a ira me dará energia para sair de onde estou escondido, chamar a polícia e fazer o possível para protegê-los.

Uma vez que você se envolveu nesses primeiros passos de vulnerabilidade e expressão, se a resposta da outra pessoa for manipuladora ou dura, a ira pode lhe dar energia e motivação para dizer "Não estava tudo bem naquela hora e não está tudo bem agora" e para continuar dizendo não ao comportamento pecaminoso. Então você pode continuar falando ou tirar um

160 | ORGANIZE *suas* EMOÇÕES

tempo, se necessário, ou talvez voltar à conversa quando ambos tiverem tido a oportunidade de orar, buscar conselhos e pensar mais sobre a situação. Se a outra pessoa for especialmente ameaçadora ou abusiva, a ira pode lhe dar a energia necessária para sair da sala ou até mesmo para se afastar do relacionamento. A ira lhe dá a coragem de parar as interações destrutivas, e isso é uma coisa boa.

COMUNICAÇÃO NÃO VERBAL

Pode ser útil acrescentar uma nota final sobre a natureza não verbal da comunicação. A maioria da comunicação em qualquer conversa tem muito mais a ver com a forma *como* algo é dito do que com as palavras em si. Em minha experiência, o tom e as expressões faciais podem ser maiores fontes de mal-entendidos e conflitos do que as palavras. Estas podem ser esclarecidas com explicações, mas se o tom e as expressões faciais não se alinham com suas palavras, ou até mesmo as contradizem, então vai ser difícil conectar-se.

Com relação à comunicação não verbal, é importante que você entenda que você é responsável pelo seu tom e por suas expressões faciais. Se a outra pessoa diz: "Você parece zangado, e está expressando repugnância com seu rosto", de nada ajuda dizer: "Essa não foi minha intenção e eu nunca disse que estava zangado". A outra pessoa está se esforçando para juntar sua perspectiva. Dois pontos práticos podem guiá-lo:

1. Seja consciente e intencional com seu tom de voz e rosto enquanto se comunica; talvez até mesmo saia da

sua zona de conforto para manter um tom pacífico e um rosto gentil. Cuidado com o rolar dos olhos, suspiros pesados, braços cruzados e com virar seu corpo para longe da outra pessoa. Ao tentar se conectar, mantenha o coração e a postura abertos — sente-se para conversar, relaxe o rosto, olhe a pessoa de frente e até se incline ligeiramente em direção a ela. Ao se preparar para conversas especialmente emotivas e difíceis, praticar em frente ao espelho o que você quer dizer pode ser útil.

2. Tente não ficar na defensiva com comentários sobre seus gestos não verbais. Muitas vezes não estamos conscientes do que estamos fazendo com nosso rosto, nossa postura ou nosso tom de voz. Se alguém está comentando sobre isso, vale a pena explorar e considerar o que seu espectador vê e ouve. Peça desculpas pela confusão, verifique seu tom e expressões, esclareça o significado de suas palavras e tente novamente. Se a outra pessoa estiver exprimindo não verbalmente algo diferente do que ela está comunicando verbalmente, aponte isso com suavidade. Peça esclarecimentos e enfatize que seu desejo é compreender com exatidão seu parceiro de conversa.

CONDUZIR COM VULNERABILIDADE SIGNIFICA SEGUIR A CRISTO

Seguir a Cristo requer vulnerabilidade. Dê voz a algumas das emoções que fazem você se sentir mais fraco. Eles são melhores

162 | ORGANIZE *suas* EMOÇÕES

convites para se conectar do que a ira. Aprenda a falar sobre seu medo, seu constrangimento ou sua sensação de dor. Algumas experiências comuns que você pode precisar expressar são: "Eu realmente me sinto magoado", "Eu me sinto rejeitado (ou negligenciado)" e "Eu me sinto envergonhado". Quando você fala sobre estar ferido, muitas vezes você está sendo mais honesto sobre como você se sente em um nível mais profundo, e também é mais provável que alguém o escute.

Quando aqueles a quem Deus amava o rejeitaram, ele veio e falou com essas pessoas pessoalmente. Quando se aproveitaram de sua vulnerabilidade e o rejeitaram mais uma vez, ele respondeu dirigindo-se a eles com mais misericórdia do que com ira e defensiva. E não importa o que aconteça, ele está comprometido a resolver as coisas com seus filhos para sempre, porque os ama.

Por essa razão, nós lidamos melhor com os relacionamentos quando seguimos o amor encarnacional de Jesus. Nossos melhores momentos relacionais — aqueles para os quais em retrospecto olharemos com carinho como pontos de virada e momentos de união com nossos entes queridos — serão os momentos em que nos envolvemos em conflitos emocionais difíceis, conduzindo com vulnerabilidade e empatia, seguindo com caridade e paciência, e deixando que todos enquadrem as legítimas preocupações que a ira possa precisar expressar.

PERGUNTAS PARA REFLEXÃO

Ao encarar seus próprios sentimentos:

1. Qual é a peça do "roteiro" que mais se destaca para você?

Lidando com os Relacionamentos | 163

2. A ideia de um "roteiro" para comunicar emoções é útil para você? Por quê?

3. O que você deseja que este capítulo mude na forma como você comunica suas emoções e escuta os outros?

Ao ajudar os outros:

1. Quando você viu recentemente uma comunicação não saudável sobre emoções? O que havia de errado com essa comunicação?

2. Você pode imaginar usar o "roteiro" deste capítulo para ajudar alguém a trabalhar suas emoções em um relacionamento? Como você faria para que essa pessoa se envolvesse nisso?

11
Sobre nutrir
emoções saudáveis

A essa altura, já deve ser óbvio que uma vida emocional saudável e piedosa não acontece do nada. Isso requer trabalho, tempo e graça. Uma enorme quantidade de trabalho, na verdade — e *toda uma vida* de graça. No entanto, trata-se de um tipo de trabalho diferente do que você talvez esteja pensando. Na verdade, todos os cristãos que buscam viver fielmente diante do Senhor e crescer em relacionamento com ele *estão* trabalhando em suas emoções, apesar de a maioria não estar consciente disso.

Neste capítulo e no próximo, detalharemos esse trabalho de duas maneiras muito simples. Primeiro, este capítulo se concentra em como você pode andar na fé cristã de maneiras que fortalecem as emoções piedosas. Em seguida, o próximo capítulo vai olhar para o oposto: práticas perigosas

166 | ORGANIZE *suas* EMOÇÕES

que se deve evitar por terem a tendência de afastar seu coração e sua carne da maturidade emocional.

Felizmente, podemos nutrir a maturidade piedosa em nossa vida emocional sem dominar uma lista complexa de técnicas espirituais ou mesmo prestar conscientemente atenção às nossas emoções. Ao nos empenharmos em simplesmente conhecermos, confiarmos e aprofundarmos nosso amor por Cristo, desenvolveremos, como resultado inseparável, sentimentos piedosos. Nosso coração crescerá cada vez mais para amar o que Deus ama, o que significará também odiar o que Deus odeia.

Este capítulo, então, tem um objetivo muito simples: estabelecer seis práticas acessíveis que irão incubar e alimentar uma saúde e maturidade piedosas em suas emoções em todo o espectro emocional. Essas sugestões não são ferramentas para mudar suas emoções. Ao contrário, são maneiras de aproveitar práticas espirituais sábias e normais que farão crescer seu amor pelo que Deus ama e gradualmente moldarão seus sentimentos para refletir a vida emocional de nosso Senhor.

Isso, é claro, não significa que existam apenas seis maneiras de nutrir boas emoções em sua vida! Longe disso. Portanto, por favor, tome isso como um empurrão para movê-lo para frente, um impulso para que você comece a mover seus pés alguns passos em um longo caminho. Nossa esperança é que, ao refletir sobre esses passos e andar em qualquer um deles, você consiga identificar com mais facilidade outras áreas que também podem enriquecer seu coração.

LEIA SUA BÍBLIA

Muitos de vocês se sentirão um pouco desencorajados quando virem que nossa primeira sugestão é ler sua Bíblia. Não se trata apenas da sugestão menos nova que vocês ouviram para a vida cristã, mas também pode muito facilmente parecer uma resposta banal a um tópico complexo. Ou, pior ainda, essa sugestão poderia realmente dar uma sensação de condenação e culpa, como se estivéssemos sugerindo que, se você apenas lesse sua Bíblia, todas as suas emoções se alinhariam.

A razão pela qual iniciamos com essa sugestão não tem a ver com nenhuma dessas ideias. Ao contrário, iniciamos assim porque a leitura da Bíblia é o método perfeito para lembrar você de que não é preciso imaginar novos procedimentos extravagantes para amadurecer suas emoções. Mesmo essa prática cristã tão básica pode render um rico fruto em sua vida emocional.

Há três maneiras principais por meio das quais a leitura da Bíblia faz isso:

Encontramos passagens que apreciamos. A primeiríssima razão é que nós nos voltamos para as passagens favoritas no meio de emoções fortes e preocupantes — como ansiedade, ira, confusão, amargura, culpa e desespero — e encontramos ajuda.

Por exemplo, eu (Alasdair) me lembro vividamente de uma noite no início de 2010, em que, no quarto de hóspedes da casa de um colega, eu me preparava nervosamente para me encontrar com pastores no dia seguinte. O futuro do centro de aconselhamento que esperávamos encontrar dependia das conversas das próximas 24 horas, e eu suspeitei fortemente que pelo menos uma dessas conversas poderia ser tensa. Não sou

168 | ORGANIZE *suas* EMOÇÕES

propenso à ansiedade, mas ela me puxou e me agarrou mais intensamente naquela noite do que eu jamais sentira antes ou havia sentido desde então.

Sabendo que a Bíblia tem um bom lugar para onde ir com meus temores, eu abri nos Salmos e Deus bondosamente colocou o Salmo 27 na minha frente. Ele começa assim: "O Senhor é a minha luz e a minha salvação" (v. 1). Isso me lembrou de que minha esperança precisava estar em Deus, e não no nosso centro de aconselhamento. O salmo continua:

> Ainda que um exército se acampe contra mim,
>
> não se atemorizará o meu coração (v. 3)

Se Davi não precisava temer exércitos literais, quanto mais eu poderia reivindicar refúgio! Algo que também me ajudou naquela noite foi enxergar que Davi precisava se lembrar repetidamente das boas razões pelas quais ele não tinha que temer. Eu quase pude ouvir seu coração batendo de ansiedade enquanto ele lutava para que sua própria alma fosse em direção à confiança no Senhor. Meus olhos se agarraram às palavras do salmo naquela noite como um escalador de rocha se apega a um penhasco íngreme. Eu voltei àquele salmo inúmeras vezes e também levei inúmeras outras pessoas temerosas para lá no aconselhamento.

Nossos corações são moldados pela Palavra de Deus. Aqui está uma segunda maneira pela qual a Bíblia afeta nossas emoções: suas palavras chamam nossa atenção para a história de Deus e para o fato de que ele é real. Palavras são poderosas. As palavras que lemos e ouvimos moldam nossas perspectivas.

Sobre nutrir emoções saudáveis | 169

O efeito pode ser extremamente sutil, é claro. Na verdade, na maioria das vezes não temos consciência de que as palavras fizeram qualquer diferença. Mas, para o bem ou para o mal, as palavras sempre importam. Elas reforçam nossas perspectivas ou as subestimam, concentram nossa atenção ou nos distraem, nos forçam a pausar ou nos apressam. Isso não é apenas uma possibilidade ou mesmo uma forte probabilidade. É inevitável. As palavras a que estamos expostos moldam nosso coração muito mais do que pensamos.

Quais palavras você deseja que moldem a forma como você enxerga o mundo e responde a ele?

Como as palavras da Escritura, em particular, alteram para melhor a sua perspectiva? De mil maneiras. Elas fazem você pensar nas provações e na fé dos personagens bíblicos, na semelhança do seu coração em relação ao deles e na fidelidade de Deus para com eles. As palavras de Deus impregnam sua mente com esperanças explícitas, promessas, consolações, garantias, ordens, lembretes e avisos. Elas chamam sua atenção para quem Deus é, para quem você é e para como o mundo funciona. Elas lidam com suas emoções diretamente por meio do humor, do lamento, do sarcasmo seco, da súplica apaixonada e da exaltação eufórica. Elas o impulsionam para a ponta dos pés da sua mente, para espiar por uma janela na história e ver o terno cuidado de Deus por uma jovem moabita e sua sogra israelita viúva, um filho mais novo a quem Deus unge para matar um gigante e se tornar um rei, um assassino hipócrita que leva um golpe nas costas e se torna um missionário. As palavras

170 | ORGANIZE *suas* EMOÇÕES

chamam sua atenção e deslizam para o seu subconsciente enquanto cantam, pregam, ensinam e narram.

Não se engane: cada uma das palavras na Bíblia oferece a possibilidade de mudar você — de mudar o modo como você pensa e como você se sente em relação ao mundo ao seu redor. Isso não significa, no entanto, que a leitura da genealogia de Jesus em Mateus 1 irá, de alguma forma, dissipar magicamente um ataque de pânico só porque essa passagem está na Bíblia. Muito mais pessoas dariam a seus filhos nomes como Aminadabe ou Zorobabel se isso acontecesse! Isso significa *realmente* que ler regularmente sua Bíblia ao longo dos anos fará de você uma pessoa diferente. Optar por deixar as canções, sermões e histórias das Escrituras entrarem em sua mente é como optar por uma dieta equilibrada e saudável: cada célula do seu corpo será afetada pelo acesso a bons nutrientes, na maioria das vezes de maneiras que você nunca estará ciente. Como resultado, até mesmo a leitura da genealogia de Jesus ajuda a estabilizar sua esperança no evangelho à medida que você aprende a apreciar como Deus trabalha por meio das famílias, até mesmo aquelas que incluem estranhos tão improváveis como Raabe, Tamar e Bate-Seba, bem como pessoas com grandes falhas morais, como Abraão, Jacó e Davi.

Nós encontramos Deus. Finalmente, a Bíblia impacta nossas emoções porque quando encontramos as palavras de Deus, encontramos o próprio Deus. Ler a Palavra viva de Deus é relacionar-se com ele. Na Escritura, Deus compartilha seu coração e o chama a responder com o seu. Ler a Escritura é literalmente ler uma mensagem de Deus para você. Não é *somente* para você, mas quando Deus fala com o povo dele — e se você está em Cristo, você é parte desse povo — as palavras dele têm a intenção de transformar o seu modo de vida.

Uma maneira simples e prática de responder a esse aspecto relacional da Escritura é escrever sua resposta ao que você está lendo como se estivesse falando diretamente a Deus. Na margem de sua Bíblia ou de um caderno, exponha suas perguntas, reações, preocupações e processos de pensamento em uma linguagem, utilizando palavras como *eu* e *você*. Na verdade, talvez você devesse até falar suas palavras a Deus em voz alta, como faria se estivesse falando com qualquer outra pessoa! Nossas "horas silenciosas" (a frase que muitos de nós usamos para nossas orações e leitura da Bíblia) deveriam se tornar "horas em voz alta", uma vez que falar em voz alta força nossas orações a serem menos distraídas e mais pessoais.

Finalmente, quer você escreva, fale ou faça as duas coisas, cada passagem diz algo sobre quem Deus é e sobre quem você é. Cada página da sua Bíblia o convida a falar com Deus. Portanto, pegue sua caneta ou abra sua boca e comece com "Ler isso me faz pensar que o Senhor...". Termine a frase com o que quer que esteja em seu coração e em sua mente. Em seguida, comece e termine outra passagem.

Em nossas bíblias encontramos Deus atravessando éons, oceanos, línguas e culturas estrangeiras para captar nossa atenção e ter uma conversa conosco. Você vai ouvir? Vai responder? Suas emoções serão nutridas à medida que você o fizer.

172 | ORGANIZE *suas* EMOÇÕES

VÁ LÁ PARA FORA

Nossa segunda sugestão é ir mais vezes para fora. Provavelmente a recomendação para estar fora na natureza precisa de pouca defesa. A maioria das pessoas sabe que sair ao ar livre faz bem, mas em uma era cada vez mais digital, é preciso repetir: você provavelmente precisa sair mais do que tem saído atualmente. E você não precisa ficar em um vasto campo aberto para se beneficiar; mesmo uma calçada da cidade tem ventos assobiantes, raios de sol quentes e, pelo menos, uma faixa estreita de céu.

Não há uma única razão pela qual sair para ficar debaixo do céu de Deus seja bom para suas emoções. Admitimos que dez minutos sentindo a brisa ou o sol em seu rosto não vão alterar radicalmente o seu estado de espírito na maioria dos dias. No entanto, assim como na leitura da Bíblia, nunca é demais lembrar regularmente seu corpo e sua alma que você vive em um palco maior e em uma história maior do que a sua casa desarrumada ou as quatro paredes do escritório que o cercam hora após hora.

A maneira mais importante que eu (Alasdair) pus isso em prática foi fazendo uma caminhada durante meu dia de trabalho — seis minutos para cada lado até o muro de pedra na floresta atrás do meu escritório, um minuto ou mais para ficar de pé, respirar e observar a luz do sol no chão da floresta, depois seis minutos de volta passando pelos pinheiros e pelas jovens mudas de bordo. Esse pequeno passeio pelas plantas e árvores em crescimento e pássaros cantando puxa minha mente e meus sentidos para o contato com Deus. O passeio me lembra de que Deus é o doador de vida abundante e tem planos para renovar este mundo. Isso também me lembra de relaxar

Sobre nutrir emoções saudáveis | 173

meus ombros tensos e de respirar profundamente. O pastor e autor John Piper disse uma vez que a razão pela qual os clubes de strip-tease tampam suas janelas não é principalmente para impedir os transeuntes de espreitarem sem pagar. Em vez disso, é para impedir que os clientes pagantes olhem para *fora* e vejam o céu. Os proprietários sabem que se os clientes virem os céus, serão lembrados de que um vasto céu cheio de estrelas ou nuvens paira sobre eles e silenciosamente refutam a loucura de atribuir valor a um pseudoprazer passageiro.

"Os céus proclamam a glória de Deus e o firmamento anuncia as obras das suas mãos" (Salmo 19.1), e precisamos ouvir. Por isso, embora uma caminhada diária não vá retroceder sua depressão ou cimentar o seu contentamento, ela é uma das coisas mais práticas que a maioria de nós pode fazer para conduzir nosso coração na direção correta.

CULTIVE *BOAS* EMOÇÕES NEGATIVAS

É revelador que o único exemplo de um livro da Bíblia com o nome de uma emoção não é Alegrias, mas Lamentações. Por mais contraintuitivo (e contracultural) que pareça, existem, na verdade, maneiras pelas quais você deve se sentir mal mais frequentemente e mais fortemente do que se sente! Não queremos dizer que você deva procurar humores melancólicos para seu próprio bem. Em vez disso, estamos simplesmente sugerindo que, como cristãos, precisamos derramar tempo e esforço para crescer em culpa piedosa, tristeza, consternação e afins, porque, como temos dito desde o capítulo 1, com demasiada frequência impedimos os bons propósitos de Deus para nossas

174 | ORGANIZE *suas* EMOÇÕES

emoções negativas. Nós as esmagamos, negamos ou escapamos delas em vez de deixá-las fazerem o trabalho bom e saudável de nos levar até ele.

Como seria cultivar emoções negativas saudáveis?

Provavelmente, a maneira mais importante de alimentar emoções desconfortáveis em nossa vida é aprender a lamentar. Um lamento é uma expressão honesta e apaixonada de tristeza, frustração ou confusão. O lamento nomeia uma perda ou uma injustiça e o impacto que isso teve. Não é por acaso que o lamento é o tipo mais comum de salmo. Os salmistas sabiam quão pessimamente nosso mundo está quebrado e se voltavam instintivamente e com seriedade para Deus.

O Salmo 13 é uma boa ilustração de um lamento. Por várias vezes, o autor pergunta ao Senhor: "Até quando?". Ele pungentemente expressa sentir-se esquecido, abandonado, solitário, triste, derrotado, humilhado e em profundo desespero. Ele pede a Deus que o ouça e o veja e, implicitamente, que tenha piedade dele. Enquanto termina com uma esperança clara, é uma esperança num resgate que ainda não se realizou. Em suma, no meio da angústia, o salmista despeja persistentemente seu coração a Deus. Os salmos de lamento levam muito a sério a promessa de Deus de que ele se preocupa conosco.

As lamentações honram a Deus de duas maneiras: elas estão com Deus e choram o mundo quebrado como Deus também o faz. Deus odeia o pecado e o sofrimento e um dia erradicará ambos. As lamentações anseiam, se doem e clamam pela chegada desse dia. Essa orientação leva nossas almas a ver

Sobre nutrir emoções saudáveis | 175

o mundo como Deus o vê, uma bela história que necessita desesperadamente do final feliz e celestial que só ele pode trazer.

As lamentações também confiam a Deus algo com que nos preocupamos. Meu pai (de Alasdair) morreu em fevereiro de 2007. Lembro-me de alguém que veio fortalecer meus irmãos e a mim dizendo que a dor "ficaria mais fácil com o tempo". Em resposta, minha irmã, que estava com 15 anos na época, disse que não queria que a dor diminuísse porque muita dor era a única coisa que ela conseguia imaginar sentir pelo pai que amava tão profundamente.

Creio que ela estava prestes a descobrir algo.

Quando amamos apaixonadamente e perdemos algo ou alguém, nosso pesar é uma prova do bom trabalho de Deus na criação da pessoa ou do tesouro que perdemos. Permanecer presente com a dor da perda como faz o lamento é, de uma forma estranha, reconhecer a bondade de Deus ao dar o presente em primeiro lugar. O padrão bíblico é não se livrar das perdas e seguir em frente. Pelo contrário, devemos lamentar com uma dor honesta a injustiça da morte e a destruição das belas criaturas de Deus, especialmente seus frágeis filhos. Se você ama verdadeiramente os outros como Cristo o chama a amar, então você também lamentará verdadeiramente quando o mal de vários tipos se abater sobre eles.

As lamentações, porém, não são a única maneira de envolver a fidelidade de Deus em nossas emoções negativas. A culpa, por exemplo, é uma emoção vital a ser abraçada. Experimentar em seu intestino que você fez o mal e que sua única esperança é virar-se e andar na direção oposta é de enorme

176 | ORGANIZE *suas* EMOÇÕES

valor. Embora a culpa possa facilmente sair pela culatra e levar a pessoa a uma autocondenação feia, o propósito dela é nos voltar para Aquele que oferece perdão. Até mesmo aqueles de nós que se martirizam demasiadamente na verdade precisam de *mais* culpa, não menos. O autoflagelo da culpa ruim é, na verdade, arrogância deturpada e disfarçada; quando eu não atinjo meus próprios padrões de quão bom eu deveria ser, eu me sinto horrível sobre mim mesmo e me puno. Esse orgulho disfarçado é em si um pecado do qual precisamos nos arrepender! Mas a *boa* culpa é libertadora. Ela nos chama a pararmos de defender nossas escolhas erradas e, em vez disso, a chorar e nos arrepender. Ela nos ajuda a sentir a necessidade de mudança e nos leva a uma aproximação de Deus e de suas misericórdias. A culpa boa nos leva ao arrependimento e à alegria do evangelho.

Talvez mais surpreendentemente de tudo, há ainda o tipo de dúvida que pode, de fato, ser uma emoção valiosa algumas vezes. Não nos entenda mal: os perigos da dúvida são muito reais. Com demasiada frequência, a dúvida se torna falta de fé egocêntrica, e não é isso que estamos encorajando! Há, porém, as dúvidas boas. Nós podemos ouvir a dúvida santa e que envolve Deus nas vozes de Habacuque, Jó e do autor do Salmo 73, do pai do filho afligido por um demônio em Marcos 9.14-29 e nas vozes de muitos outros. Todos expressam confusão sobre a horrível situação ao redor deles precisamente *porque* os interlocutores confiam no caráter de Deus. Eles estão confusos com o sucesso do mal e fazem perguntas urgentes a Deus quando sua justiça e salvação parecem dolorosamente ausentes.

Isso significa que podemos ser fiéis e ainda dizer a Deus: "Eu sei que o Senhor é bom e não se deleita com o mal. Então, como é que o perverso parece estar indo muito bem enquanto pessoas indefesas e vulneráveis — especialmente aquelas que eu amo — estão sendo destruídas?".

Cultivar tal mentalidade não significa procurar razões para questionar a realidade, o caráter ou as decisões de Deus. Na verdade, é exatamente o oposto! Lidar com a dúvida piedosa significa trazer a Deus suas perguntas sobre a lacuna entre a maneira como ele se revela ser perfeitamente bom e justo, por um lado, e como ele permite, por outro lado, que um terrível mal caia sobre as pessoas que sabemos que ele prometeu proteger.

A lista de *boas* emoções negativas poderia continuar. Devemos cultivar o *temor* do Senhor, a *desconfiança* de falsos ensinamentos e o *ódio* a tudo o que é impiedoso e perverso. Em última análise, nosso objetivo não é nos sentirmos mal mais vezes, mas sim estarmos dispostos a enfrentar e, até mesmo, adentrar as partes desconfortáveis e desagradáveis desse mundo no qual vivemos. Cada vez que o fizermos, podemos ter certeza de que isso significará sentir emoções angustiantes se nossos corações compartilharem os afetos e as prioridades de Deus. Amar o que ele ama significará odiar o que ele odeia e chorar pelo que ele chora. Seu chamado para que cresçamos em amor por ele e uns pelos outros significa necessariamente que devemos também crescer em nossa capacidade de sentirmos dor por causa do que dá errado para aqueles que amamos no mundo que Deus tanto ama.

178 | ORGANIZE *suas* EMOÇÕES

CONSTRUA ALTARES

Os altares entram na história da Escritura logo cedo em Gênesis, muito antes de Deus ordenar que os israelitas construíssem altares para ele no tabernáculo. E os altares permanecem sendo um elemento central de como o povo de Deus se relaciona com ele ao longo do Antigo Testamento.

Mas o que é um altar?

Um altar é um reconhecimento de que algo importante aconteceu e precisa ser lembrado. Ele serve como um lembrete de quem Deus é e do que ele fez (e.g., Gn 28.10-22; Js 22.10-34; 1Sm 7.12). Nesse sentido, então, um altar é o equivalente espiritual de um souvenir caro. Pense em algo precioso trazido em uma viagem de carro com a família, ou em um presente que você traz de suas viagens para casa a um filho amado, ou um vela de um restaurante onde você teve o seu primeiro encontro. Os souvenires o lembram daquele lugar, daquele evento e daquela pessoa especial todas as vezes que seus olhos recaem sobre o objeto. Por esse motivo, nossos souvenires mais preciosos tendem a ficar onde podemos olhá-los com maior frequência: no aparador da lareira ou em uma mesa de cabeceira. Os souvenires comprimem uma história em um único olhar.

Tal como os souvenires, os altares comunicam ao nos lembrar de algo: a grande importância e o grande valor do objeto de nossa adoração. Um altar pode ser um objeto físico ou qualquer prática regular que nos lembre do valor do objeto de nossa adoração. Precisamos de altares para Deus. Eles são lembretes de sua bondade e gostos refrescantes de sua bondade e cuidados pessoais para nós. Nossa atenção é tão facilmente

Sobre nutrir emoções saudáveis | 179

distraída, e nosso coração se esquece tão rapidamente de tudo o que Deus fez por nós. Não é por acaso que Cristo nos deu pão e vinho, elementos que podemos cheirar, tocar, ver e provar, para nos lembrar repetidamente da sua aliança. Nós os consumimos regularmente até o dia em que ele voltar. Precisamos ser repetidamente informados por todos os cinco sentidos de que nosso Deus está conosco.

Cada um de nós precisa construir altares que nos reorientem para Deus.

Que tipo de memorial devemos construir? Quase todos os tipos imagináveis! Embora não usaríamos pedras e holocaustos, há muitas maneiras de construir altares que regularmente chamarão a atenção para a fidelidade de Deus. Qualquer objeto físico ou prática escolhida intencionalmente pode se tornar, nesse sentido, um altar.

Uma jovem com quem eu (Alasdair) trabalhei lutou profundamente para crer que Deus era realmente um Pai preocupado e amoroso que se importava profundamente com ela e com sua vida. Nós analisamos a parábola "a pérola de grande valor", e essa passagem se tornou nossa abreviação para a forma como todas as suas preciosas "pérolas" na vida poderiam ser confiadas em segurança ao seu Pai celestial. Então, ela começou a usar brincos de pérolas (pelo menos pareciam pérolas — preferi não perguntar se eram verdadeiras!). Quando ela os usava, cada giro de sua cabeça balançava os dois pequenos altares brancos e esféricos e oferecia um lembrete gentilmente sussurrado de que ela estava segura com seu Pai.

180 | ORGANIZE *suas* EMOÇÕES

Um jovem que aconselhei se viu repensando sua fé e lutando para encontrar qualquer alegria ou genuinidade em sua caminhada com Deus. Cada evento, atividade, escolha e recreação arrastava com ele uma pressão para a autoanálise. Ironicamente, a inteligência e a amplitude teológica de meu amigo o impediram de se aproximar de Deus em um relacionamento natural. Em um esforço para romper com o hábito de ficar pensando excessivamente, e porque ele gostava de cozinhar, eu o encarreguei de ir à mercearia, comprar algo saudável e que desse água na boca, e saboreá-lo, prefaciado apenas por uma simples oração de "Obrigado". Meu objetivo não era torná-lo menos preciso em sua teologia ou menos apreciador de como cada momento pode nos conectar a Deus. Meu objetivo era ajudá-lo a construir um altar a Deus por meio do ato de cozinhar, provar e ver (e cheirar) que o Senhor era bom de uma forma que não seria obstruída por uma interminável análise.

Eu também tenho vários altares em minha própria vida. Uma foto de minha esposa e filhos na minha mesa me lembra regularmente de agradecer a Deus pela família que ele me deu. Tento tocar piano cinco minutos todos os dias, o que me lembra regularmente de quanta beleza pode fluir até mesmo de pequenos empreendimentos de autodisciplina. Quando bebo chá, especialmente durante o aconselhamento, tento me concentrar no gosto e recebê-lo como uma experiência do deleite de Deus em nos dar bons presentes. Preciso desses lembretes com frequência.

Poderia citar inúmeros outros altares, mas mencionarei apenas mais um: a bateria triplo-A que mantenho no tripé da cadeira junto à minha mesa. Essa pequena bateria se recusou a morrer semana após semana enquanto alimentava o gravador de áudio de uma mulher que eu aconselhava. Ela frequentemente gravava nossas sessões para poder revisitar partes úteis de nossa conversa mais tarde (pelo menos, espero que tenham sido úteis!). A pequena bateria potente agora testemunha silenciosamente para mim (e para ela quando eu aponto isso de vez em quando) que Deus se importa com seus filhos feridos, traz e preserva palavras de esperança por meio de seu povo e supervisiona cada detalhe de nossas vidas para o nosso bem.

Em resumo, construa altares em sua vida a partir de qualquer "pedra" da bondade e do cuidado de Deus que esteja ao redor. Tais lembretes podem escalar os muros de nossas distrações e nos conduzir a verdades formidáveis para capturar nossa atenção e nosso coração.

APEGUE-SE AO LOUVOR COLETIVO

Ao contrário dos altares altamente personalizados e privados que acabo de descrever, os cultos religiosos são públicos, óbvios e comunitários. A adoração matutina de domingo move nossas emoções porque estamos rodeados de outros visitantes da casa de Deus. Na casa dele, rodeados por membros da família dele, somos lembrados de forma tangível que não estamos sozinhos neste mundo.

Inúmeros pregadores e professores têm chamado a adoração coletiva de um oásis para nossas almas ressequidas sob o sol pulsante da vida. Isso é verdadeiro também quanto às

182 | ORGANIZE *suas* EMOÇÕES

nossas emoções. Por ter o poder de refrescar sua adoração murcha, um culto religioso tem o potencial de reavivar também as emoções piedosas.

Isso significa que aparecer em um domingo de manhã garantirá uma rica experiência espiritual ou emocional? Claro que não. A igreja pode ser difícil para as pessoas por uma série de razões, algumas delas pessoais, outras por causa de fraquezas da própria igreja (sermões pobres, música pobre etc.). Beneficiar-se espiritual ou emocionalmente da igreja será difícil para a maioria de nós, pelo menos em algumas ocasiões.

Dito isso, a comunhão formal das manhãs compartilhadas de domingo tem o potencial de moldar nossas emoções para o bem em diversas maneiras.[1] Primeiro, estar com outros que também colocam sua esperança no caráter, plano e poder de Deus reforça em nosso coração que não estamos sozinhos nem somos insanos em nossa fé. Isso pode acontecer simplesmente ao entrar no saguão ou no fundo da igreja, antes que uma palavra tenha sido cantada ou pregada. (Se você estiver na igreja perseguida, se reunindo escondido, talvez conheça bem o incentivo de ver até dois outros cristãos entrando em seu local de encontro secreto. Eles também estão arriscando suas vidas só para estarem com outros que amam aquilo que você mais preza!). Estar com uma multidão, mesmo que pequena, é fazer parte de algo maior do que você. No domingo

---

1 Fomos influenciados pela perspectiva de James K. A. Smith sobre o poder formativo da adoração coletiva. Para uma discussão mais aprofundada, veja Smith, *Desiring the Kingdom: Worship, Worldview, and Cultural Formation* (Grand Rapids, MI: Baker Academic, 2009), ou sua obra de nível mais popular *Você é aquilo que ama: o poder espiritual do hábito* (São Paulo: Vida Nova, 2017).

de manhã, temos um pequeno gosto de fazer parte de um grande mar de indivíduos atraídos por um propósito maior que nos liga em unidade e nos anima. Você está tendo o gosto da celebração que está por vir, uma alegria comunitária tão vasta que nenhuma multidão do Super Bowl seria sequer audível ao lado dos gritos de vitória, louvor e deleite que ecoarão eternamente no salão de casamento do Cordeiro.

Tudo isso e ainda nem começamos a cantar!

A música da adoração coletiva pode ser transformadora — que é exatamente o que muitos de nós precisamos. Eu sei que, para muitas famílias, as manhãs de domingo podem ser ofuscadas pelo caos do café da manhã e de vestir as crianças, colocá-las no carro e depois sair novamente! Além disso, muitas vezes estamos cansados de uma longa semana. Muito menos pessoas chegam à igreja com ânimo ansioso e tranquilizado, no estado de espírito certo para a adoração, do que se possa pensar. Mas reflitam sobre o que acontece quando levantamos nossas vozes juntas em canções. Nossos pulmões, lábios e laringes trabalham em harmonia para trazer ressonância, volume e arremesso para o ar ao nosso redor. Esse som, então, reverbera para fora, cada um de nós fisicamente conectados por uma vibração compartilhada pelo salão, pelos nossos ouvidos e pelo nosso peito. A melodia, a harmonia e o ritmo nos atraem para as palavras que cantamos. Uma melodia bem elaborada ou um instrumento efetivamente tocado ressaltam, na verdade, as palavras para os nossos sentimentos mais do que palavras sem música jamais poderiam. Além disso, cantarmos juntos acelera o ritmo de nossa leitura

184 | ORGANIZE *suas* EMOÇÕES

enquanto trotamos no terreno teológico de uma canção. Nós absorvemos o significado da letra de uma forma que nunca poderíamos absorver se estivéssemos galopando pela leitura apressada que aprendemos ao ler a Bíblia em nossos smartphones. Na verdade, diz o autor Andy Crouch, "cantar pode ser a única atividade humana que mais perfeitamente combina coração, mente, alma e força. Quase tudo o mais que fazemos requer pelo menos uma dessas faculdades humanas fundamentais [...] mas cantar (e talvez apenas o canto) combina todas elas".[2]

Se quiséssemos, poderíamos dar corpo a um impacto emocional significativo para cada elemento dos cultos da igreja. Em comunhão, literalmente provamos e vemos que o Senhor é bom; vemos e cheiramos, tocamos e provamos as boas novas do corpo e do sangue de Cristo expiados por nós e nos sustentando. No sermão, não só aprendemos coisas novas sobre o caráter do nosso Pai e seu chamado sobre a nossa vida, também ficamos comovidos. Os ouvintes sábios perguntam não só *O que aprendi?*, mas também *Fui encorajado? Desencorajado? Por quê? De que forma?*

Quando o povo de Deus se reúne, recebemos um grande presente uns dos outros: a afirmação de nossa fé mútua e uma revitalização do nosso amor, muitas vezes debilitado, por nosso Senhor e seu Reino. Você vai agarrar esses benefícios para as suas emoções?

---

2 Andy Crouch, *The Tech-Wise Family: Everyday Steps for Putting Technology in Its Proper Place* (Grand Rapids, MI: Baker, 2017), 191.

PROCURE VER DEUS TRABALHANDO

Finalmente, procure e aproveite todas as oportunidades para ouvir sobre o trabalho de Deus na vida dos outros. Não há substituto para boas histórias de nosso bom Deus fazendo um bom trabalho na vida das pessoas que conhecemos. Os Salmos contam essas histórias constantemente quando o cantor exalta a Deus "na assembleia dos justos", contando para "Israel" ou à "congregação" todas as suas maravilhosas obras. Da mesma forma, Paulo explica que aqueles que receberam "consolo" de Deus estão agora equipados para consolar os outros com o consolo que receberam (2Co 1.4). Simplesmente ouvir como Deus cuidou ternamente dos outros pode ser um grande encorajamento.

Eu (Alasdair) tenho um amigo que instintivamente nota e fala de frutos encorajadores do Espírito que ele vê nas pessoas que o cercam e, com a devida humildade, em si mesmo. Acho sua consciência do Espírito de Deus em ação imensamente revigorante. Sua capacidade de perceber e nomear áreas de crescimento espiritual me lembra de como as caminhadas com um entusiasta da natureza como meu sogro transforma em cedro, pinheiro branco e castanheira americana o que para mim seriam apenas "árvores". Deus tem usado frequentemente o relato entusiasmado do meu colega sobre algum amadurecimento espiritual que ele viu naquele dia para revigorar minha alma quando eu tinha começado a cair inconscientemente no desânimo.

Notar como Deus tem trabalhado não precisa ser um grande empreendimento. Basta manter um ouvido aberto para

186 | ORGANIZE *suas* EMOÇÕES

um jovem que lide de forma mais madura em seu relacionamento com seus pais, um parceiro de prestação de contas que resista mais efetivamente à tentação ou uma criança que compartilhe sobre tratar pacientemente um colega de classe difícil. Observe seu grupo pequeno e reflita sobre onde os integrantes cresceram na conexão e no cuidado uns com os outros. Pergunte ao seu cônjuge por que ele parece estar tão bem-disposto. Talvez, basicamente, pergunte a *qualquer pessoa* o que o Senhor tem feito na vida dela! Essa graça nos trouxe a salvo até agora, e contos sobre a graça na vida dos outros ajudarão a nos levar para casa em segurança.

NÃO PARE POR AÍ

Os seis elementos deste capítulo são todos formas valiosas de ter uma boa higiene emocional (uma frase que provavelmente nunca vai pegar). No entanto, eles apenas arranham a superfície do que você pode fazer para fortalecer a maneira como suas emoções refletem as de Deus. Em última análise, qualquer aspecto da sua vida diária, realizado com cuidado e fidelidade ao seu Criador, será uma bênção para suas emoções! Qualquer coisa que seja boa para a sua alma também terá, por definição, algum impacto positivo sobre sua saúde emocional. Portanto, tome essas seis ideias como um ponto de partida e seja criativo. Encha sua vida com escolhas conscientes para transformar os altos, os baixos e até mesmo os momentos cotidianos de sua vida em oportunidades para envolver o Senhor. Ele não deixará de fazer crescer seu amor por ele e amadurecer seu coração e suas emoções no processo!

Sobre nutrir emoções saudáveis | 187

PERGUNTAS PARA REFLEXÃO

Ao encarar seus próprios sentimentos:

1. Quais desses seis pontos se destacam para você como os mais importantes para trabalhar em sua própria vida?
2. Em quais desses pontos você sente que já está indo bem ou em quais tem, pelo menos, trabalhado?
3. Que outras ideias ou áreas além desses seis pontos você poderia acrescentar?

Ao ajudar os outros:

1. Em qual dos seis pontos você está mais sintonizado na vida daqueles a quem você serve? Em qual deles você está menos sintonizado? Qual é a maior lição que você tem para seu ministério com os outros?
2. Conforme vimos, a adoração coletiva é uma fonte de saúde emocional. Como isso pode influenciar a maneira como você encoraja aqueles a quem está ministrando em sua igreja?
3. Que padrões em sua vida podem estar impedindo você de ser uma fonte de encorajamento e apoio emocional àqueles a quem você procura servir? Existe alguém que o conhece (e ama) bem o suficiente para que você possa lhe pedir que o ajude a enxergar seus pontos fortes e fracos?

12
Sobre não alimentar
emoções não saudáveis

As emoções seriam muito mais fáceis se fossem como alguém do Velho Oeste: se você pudesse conhecer os caras bons por seus chapéus brancos e os maus por seus chapéus pretos. Seria mais simples se pudéssemos dizer que ira, ansiedade e depressão são *emoções ruins*, e felicidade, contentamento e carinho são *emoções boas*. Mas, como já vimos, não é assim que as emoções funcionam. Não podemos simplesmente colocar chapéus pretos em alguns sentimentos e chapéus brancos em outros. Gostemos ou não, temos que fazer o trabalho de escutar cuidadosamente as mensagens que nossas emoções comunicam e discernir quais partes das mensagens são verdadeiras ou falsas, e responder sabiamente.

Isso é especialmente difícil quando nossas emoções são fortes. A sabedoria exige que pensemos claramente no

190 | ORGANIZE *suas* EMOÇÕES

exato momento em que nosso pensamento está sendo poderosamente moldado por essas mesmas emoções. Verdades importántes que são óbvias em qualquer outro momento podem parecer irrelevantes durante uma onda emocional. O fato de ser difícil experimentar uma emoção esmagadora e ao mesmo tempo processá-la é uma das razões pelas quais somos tão tentados a adotar uma abordagem simplista de nossas emoções: "Diga sim a essas emoções, e não a essas". Mas quanto mais cedo aceitarmos a difícil tarefa de dizer sim e não à mesma emoção, mais fácil será lidar com nossas emoções de forma equilibrada.

Neste capítulo, exploraremos a que dizer não e a como dizer não.

A QUE DIZER NÃO

Uma vez que eu não posso rejeitar automaticamente nenhuma emoção específica, eis aqui quatro mensagens às quais podemos dizer não em cada emoção.

"Eu sou minhas emoções"

Diga não a pensar e agir como se você *fosse* suas emoções. Quando falamos com as pessoas que se sentem mais sobrecarregadas por suas emoções, elas sentem como se essas emoções representassem *quem elas são*, ou como se as emoções fossem o verdadeiro eu delas. Mas você é mais do que aquilo que você sente. Ninguém pode ser reduzido a apenas isso. Quando as emoções são intensas, pode parecer que elas ocupam todo o seu espaço interior. Isso se deve, em parte, ao fato de as emoções

Sobre não alimentar emoções não saudáveis | 191

serem fisiologicamente fortificadas. Em outras palavras, seu corpo está trabalhando para manter seu estado emocional, portanto suas emoções muitas vezes não cedem facilmente a pensamentos e crenças que podem dar a sensação de serem muito poderosas em outros momentos. Mas, mesmo sendo importantes como são, suas emoções não são tudo.

O Salmo 142.3-4 fornece algumas percepções sobre essa experiência:

> Quando dentro de mim me esmorece o espírito [...].
> No caminho em que ando,
> me ocultam armadilha.
> Olha à minha direita e vê,
> pois não há quem me reconheça,
> nenhum lugar de refúgio,
> ninguém que por mim se interesse.

Podemos ver na mente de Davi uma descida de "dentro de mim me esmorece o espírito" para "ninguém que por mim se interesse". É claro que Davi sabe que Deus se importa, e é por isso que ele está clamando a Deus, mas ele está expressando poeticamente que não se *sente* assim. Quando nos identificamos em demasia com nossas emoções, começamos a distorcer nossa perspectiva da realidade.

As emoções se transformam em mestres exigentes quando você acredita que elas são o âmago de quem você é. Davi, quer ele sinta ou não, reconhece que não pode ficar nesse lugar, e é por isso que ele pede ajuda ao Senhor no versículo 7:

192 | ORGANIZE *suas* EMOÇÕES

Tira a minha alma do cárcere,

para que eu dê graças ao teu nome;

os justos me rodearão,

quando me fizeres esse bem.

Davi ainda não se *sente* melhor porque prefacia todo esse apelo com "A ti clamo, Senhor; / E digo [...]" (v. 5). Davi ainda está chorando. Ele ainda se sente encurralado. Suas circunstâncias não mudaram. Mas ele se recusa a permitir que essa emoção reivindique sua alma. Em vez disso, como dissemos no capítulo 9, Davi vê suas emoções como uma chance de envolver Deus. Ele não se limita a chorar. Ele chora *a Deus*. Há um mundo de diferenças nessas duas maneiras de responder às emoções. Um clamor é um diálogo interno que pode muito bem fazer com que continuemos a nos sentir sozinhos e sobrecarregados. O outro cria conexão com alguém que se importa, lembrando-nos de que Deus está conosco mesmo quando nossas emoções nos dizem que ele não está.

"Eu preciso agir agora"
Diga não a ações precipitadas. As emoções tendem a nos puxar pelo colarinho, pressionando-nos a agir rapidamente. Em parte, essa exigência é comunicada por meio de nossos corpos, como falamos nos capítulos 2 e 4. Os vários hormônios que estimulam nosso sistema nervoso quando estamos chateados são formas dadas por Deus para nos motivar a agir quando de fato precisamos agir. Quando um carro está indo para cima de você, as emoções o salvam gritando: "Saia do caminho!". Nesse

Sobre não alimentar emoções não saudáveis | 193

momento, você não precisa pensar; você precisa se mexer! Sua fisiologia é projetada para se elevar rapidamente e manter esse estado emocional enquanto você precisar dele para sobreviver.

Em nossos relacionamentos, porém, a necessidade imediata é desacelerar, e não acelerar.

Em nossos relacionamentos devemos nos perguntar: o que essa pressão emocional significa? Os piores momentos em meu casamento (do Winston) são os momentos precipitados. Em minha chateação, eu queria dizer algo realmente doloroso à minha esposa, pois isso me fazia sentir poderoso — *e funcionava*, pelo menos por um momento —, mas também trazia danos ao nosso relacionamento. As emoções nos pressionam para sermos precipitados, pois elas têm a intenção de nos ajudar a sobreviver em situações que nos ameaçam fisicamente. Nós não temos o controle imediato sobre a nossa fisiologia, mas, de fato, temos controle sobre como escolhemos reagir. Precisamos aprender a dizer não àquele impulso quando a situação não ameaça fisicamente a nossa vida, pois quando somos precipitados nessas situações, isso geralmente não acaba salvando nada.

Mesmo que a mensagem de suas emoções seja essencialmente correta, a sabedoria e o amor requerem que você saiba mais do que isso. Qualquer emoção que insista no contrário fará grande mal a você e aos outros.

É interessante que a própria natureza de Deus seja *tardia e deliberada*. A Escritura descreve Deus como "tardio em irar-se" (Sl 145.8). Você vê quão diferente Deus é de mim? Poderíamos dizer o mesmo da alegria. Um senso maníaco de sentir-se bem

194 | ORGANIZE *suas* EMOÇÕES

pode nos compelir a fazer promessas que não somos capazes de cumprir e compras que não podemos pagar.

Qualquer emoção intensa é capaz de provocá-lo a agir de forma precipitada. Uma das orações para a adoração vespertina do Livro de Oração Comum é esta:

> Vigia, querido Senhor, aqueles que trabalham, ou que vigiam, ou que choram essa noite, e dá cargo aos seus anjos sobre aqueles que dormem. Cuide dos doentes, Senhor Cristo; dá descanso ao cansado, abençoe o moribundo, acalme o sofredor, tenha piedade do afligido, blinde o alegre; e tudo pelo bem do seu amor. *Amém.*[1]

O pedido de "blindar os alegres" é significativo. Ele coloca a alegria na categoria de doença, cansaço, sonolência, trabalho, aflição e morte — porque a alegria pode nos cegar para Deus e para a realidade da mesma forma que qualquer outra emoção.

O princípio subjacente é o seguinte: lidar bem com suas emoções leva tempo. Lidar com suas emoções não significa simplesmente satisfazê-las com o que elas querem de imediato. Na verdade, é mais um princípio sobre sabedoria do que sobre emoções. Sabedoria — ou seja, considerar cuidadosamente as muitas coisas que acontecem dentro de mim e ao meu redor quando estou chateado, assim como a Palavra de Deus — leva tempo.

---

1 The Episcopal Church, *The Book of Common Prayer and Administration of the Sacraments and Other Rites and Ceremonies of the Church* (New York: Church Publishing, 2007), 124.

Sobre não alimentar emoções não saudáveis | 195

A discrição do homem o torna longânimo,

e sua glória é perdoar as injúrias. (Pv 19.11)

Vá devagar com suas emoções, pois *sabedoria leva tempo.*
O Salmo 4.4 ensina esse princípio quando Davi diz:

Irai-vos e não pequeis;

consultai no travesseiro o coração e sossegai.

Davi tem muitas oportunidades de agir precipitadamente
com ira e medo. Ele quer prejudicar Nabal, mas Abigail é sábia
e o repreende, e ele a escuta (1Sm 25). Davi tem a oportunidade de matar Saul em uma caverna, mas resiste à incitação
instintiva de seus soldados para fazê-lo (1Sm 24). Davi está
angustiado com seus inimigos, mas ao invés de agir precipitadamente ao resolver as coisas com suas próprias mãos, ele
coloca essas situações e emoções diante de Deus em oração.

Curiosamente, Paulo recorre ao Salmo 4, em Efésios 4,
enquanto aconselha a igreja sobre como lidar com o conflito
e a ira. Ele começa citando o Salmo 4: "Irai-vos e não pequeis;
não se ponha o sol, sobre a vossa ira" (Ef 4.26). Ele não está
dizendo: "Expresse sua ira antes de ir para a cama", mas está nos
direcionando para a mentalidade do salmista: "Estou irado, e
vou ficar parado por um tempo, porque não quero fazer a coisa
errada. Prefiro pedir a Deus que lide com meus inimigos do
que agir precipitadamente".

196 | ORGANIZE *suas* EMOÇÕES

"Eu não deveria estar sentindo isso"

Diga não à vergonha e à autocondenação. Acho que os cristãos às vezes são especialmente propensos à vergonha ao lidarem com as emoções, porque tendemos a desenvolver o reflexo espiritual de rotular certas emoções ou níveis de intensidade como ruins. Então, ao nos arrependermos o mais rápido possível para escapar da vergonha, não entendemos realmente o que se passa em nosso coração, o que nos faz perder a oportunidade de realmente crescer. As emoções desagradáveis simplesmente se tornam testemunhas que aparecem para condenar nosso coração.

No entanto, precisamos dizer não à tentação de desligar nossas emoções antes de termos realmente compreendido o que a emoção está comunicando. Quando sentimos a necessidade de desligar e escapar das emoções, incluindo a vergonha de experimentá-las, é fácil cair na armadilha de fugas perigosas — drogas, álcool, pecados sexuais e uma série de outras coisas. Assim, por exemplo, posso reconhecer que minha ira é problemática, e sei que sou especialmente propenso à ira perto do meu colega de trabalho, mas a solução não é ignorá-la. Em vez disso, eu deveria desacelerar e procurar em meu coração. *O que isso significa? O que exatamente está me deixando tão irado? O que Deus está tentando me mostrar e como ele pode me ajudar?* A ira, sem dúvida, está me dizendo coisas muito importantes. Examine-se sempre com a ajuda destas frases:

- ✦ O que minha emoção está me dizendo sobre mim?
- ✦ O que minha emoção está me dizendo sobre Deus?

Sobre não alimentar emoções não saudáveis | 197

✦ O que minha emoção está me dizendo sobre o meu próximo?

Até que comece a responder a essas perguntas, você não saberá como reagir diante das suas emoções.

Achamos que seja útil pensar nas emoções como um tipo de sexto sentido. Pense nisso. O motivo pelo qual você tem mais de *um* sentido é que cada um — paladar, olfato, visão, audição e tato — serve como uma verificação e um equilíbrio sobre os outros. Por exemplo, você pode ler a data de validade na garrafa de leite com os seus olhos, mas não saberá realmente se o leite está azedo até que você o cheire. Ainda não tem certeza? Experimente o leite.

Suas emoções também não deveriam operar de forma independente. Portanto, quando dizemos, "Ouça suas emoções", não estamos dizendo, "Concorde com elas". Estamos dizendo, "Interprete-as". Torne-se emocionalmente letrado. Traga suas emoções para estarem em contato com os seus outros "sentidos" e com o que você sabe sobre si mesmo, sobre Deus e sobre os outros quando você estiver emocionalmente carregado. Você não quer deixar nenhum valor comunicativo sem ser aproveitado da melhor maneira? Não desperdice suas emoções! Deixe que elas lhe sirvam!

Tivemos uma boa quantidade de experiência aconselhando pessoas que sofreram traumas relacionais e, em alguns casos, elas ficam muito ansiosas quando têm que dizer não a alguém. Normalmente, há razões muito boas. Essas pessoas foram severamente punidas por dizerem não no passado. Mas elas não se sentem apenas ansiosas; eles também têm vergonha de se sentirem ansiosas. Elas se sentem imaturas, como se estivessem presas em uma bolha emocional desde a infância.

Mas isso realmente é um sinal de imaturidade espiritual ou seria um fracasso moral? Imagine que você estava andando pela rua, e um cachorro o mordeu. Da próxima vez que você andasse pela rua e visse um cachorro, há uma chance muito boa de você se sentir ansioso. Sua ansiedade estaria fazendo o que a ansiedade deve fazer: lembrando-o de que os cães podem ser perigosos e levando você a perguntar se aquele cachorro é seguro ou não. É claro que, se a ansiedade é paralisante ou tão grave a ponto de mantê-lo completamente fora das ruas, então há mais para ser entendido e trabalhado, mas a ansiedade por si não é o problema.

Se você tem sido maltrado nos relacionamentos, use a sua ansiedade sobre os relacionamentos para desacelerar, não acelerar. Em vez de evitar pessoas que evocam sua ansiedade, articule a ansiedade para si mesmo: *Eu sei como as pessoas agem. Eu sei o quanto as pessoas podem machucar. Eu irei devagar e com cuidado até que eu conheça melhor essa pessoa. Essa pessoa está fazendo algo que sinaliza perigo?* Não simplesmente silencie sua ansiedade. Faça-a trabalhar para você. Por exemplo, eu (Winston) frequentemente me sinto ansioso antes de falar em público ou de proferir uma homilia, mas não me coloco para baixo por causa disso. Eu me sinto ansioso porque aprendi do jeito difícil que eu realmente posso estragar tudo se não estiver bem preparado. Portanto, quando estou ansioso por causa da minha

Sobre não alimentar emoções não saudáveis | 199

homilia, eu penso: *Talvez eu devesse gastar mais tempo nessa homilia. Ainda não sinto que já estou preparado.* Minha ansiedade está me ajudando a ser responsável e sábio.

"Isso é tudo ou nada"

Diga não ao pensamento do preto no branco ou do tudo ou nada. O pensamento do preto no branco sempre exacerba e intensifica as emoções. Pensamentos extremos produzem emoções extremas. Se eu digo a mim mesmo *Isso é péssimo*, então eu experimentarei "isso" como "péssimo". As crenças de tudo ou nada que produzem emoções de tudo ou nada geralmente não são úteis em situações complexas ou em relacionamentos complexos. Por exemplo, não conseguimos navegar sabiamente nos relacionamentos se apenas tivermos as categorias de "pessoas boas" e "pessoas más". A verdade confusa é que mesmo as pessoas boas algumas vezes fazem coisas ruins ou nos ferem sem querer. E mesmo pessoas más que podem fazer coisas ruins algumas vezes de fato fazem coisas boas e podem nos amar.

Se eu creio, por exemplo, seguindo a ideia do preto no branco, que a ira é o oposto do amor, então quando minha esposa está com raiva de mim, eu sentirei não só que ela está com raiva de mim, mas também que ela não me ama. É desagradável quando alguém de quem você gosta está com raiva de você, mas é bastante devastador acreditar que essa pessoa não te ama de forma alguma.

Ou experimente o seguinte: "Pessoas boas amam seus pais". Isso significa que eu não *gosto* do meu pai porque ele é manipulador? Quando ele me manipula, eu não só me sinto

200 | ORGANIZE *suas* EMOÇÕES

mal; também me sinto uma *pessoa* má, porque devo não amá-lo. Como destacamos no capítulo 3, embora certo e errado, bem e mal, e outros opostos sejam muito reais, na maioria das vezes, o mundo e todas as pessoas que nele habitam são uma mistura de bom e mau. Deus criou o mundo bom, mas o mundo está caído, com todos que estão dentro dele. Portanto, como uma pessoa mista, vivendo em um mundo misto, com outras pessoas mistas, você pode responder às complexidades das pessoas e das situações ao seu redor com emoções complicadas e mistas. Meu cônjuge não é todo bom ou todo ruim. Quando entro em contato com a bondade dele, me sinto bem. Quando entro em contato com a maldade, me sinto mal. Às vezes, tudo acontece de uma vez, e eu me sinto mais de uma coisa por vez.

É por isso que não devemos supor que a experiência inicial de nossas emoções em uma determinada situação é a única ou a correta. Romanos 12 nos instrui: "Porque, pela graça que me foi dada, digo a cada um dentre vós que não pense de si mesmo além do que convém; antes, pense com moderação, segundo a medida da fé que Deus repartiu a cada um" (v. 3).

A Bíblia nos instrui a ver o mundo com julgamento sóbrio, reconhecendo que ele é um recipiente misturado, nem totalmente mau nem totalmente bom, e a enxergarmos a nós mesmos e nossas relações da mesma maneira. Uma visão bíblica da vida é esta: vivemos em um mundo bom que se tornou mau. Todos os cristãos têm o bem dentro deles, mas também têm pecado contínuo.

A Bíblia nos diz que quando Esdras reconstruiu a fundação do templo após a destruição do templo de Salomão, muitos

Sobre não alimentar emoções não saudáveis | 201

jovens ficaram cheios de alegria por terem um templo, mas muitos dos mais velhos choraram porque o templo não condizia com a glória do templo de Salomão. Durante uma festa para celebrar a nova fundação, um grande grito subiu, os jovens gritando de alegria, e os mais velhos lamentando de tristeza. "De maneira que não se podiam discernir as vozes de alegria das vozes do choro do povo; pois o povo jubilava com tão grandes gritos, que as vozes se ouviam de mui longe" (Ed 3.13). Quem estava certo, as pessoas que se alegraram ou as pessoas que choraram? Ambas estavam certas. Não havia problema em sentir as duas coisas.

Em vez de desenvolver uma perspectiva sobre o mundo que enxerga apenas *ou um ou outro*, desenvolva uma perspectiva de que enxerga *tanto um quanto o outro*. Existem *sim* absolutos no universo de Deus, mas a nossa experiência é como um sanduíche que tem o *tanto-quanto* nas extremidades. Portanto, rejeite o pensamento preto no branco. Na maioria das vezes, ele obscurece a verdade em vez de fortificá-la.

FAÇA AMBOS

Nossas emoções exigirão que digamos não às vezes, mas não devemos colocar emoções específicas na caixa do "não", como se fossem sempre más ou sinais de fracasso moral ou espiritual. Você pode dizer não às coisas que normalmente pioram a situação sem dizer não às coisas importantes que precisamos ouvir e aprender até mesmo com as emoções mais negativas ou dolorosas. Dizer não aos quatro erros anteriores é uma forma de obedecer ao comando "Não se turbe o vosso coração" (Jo 14.1) sem desenvolver uma vergonha não saudável sobre sua vida

202 | ORGANIZE *suas* EMOÇÕES

emocional. Não deixe seu coração ser perturbado e, *ao mesmo tempo*, clame ao Senhor, como fez Davi no Salmo 142. Faça ambos. E Deus em Cristo o levará através de uma experiência que pode ser impossível que você entenda naquele momento.

PERGUNTAS PARA REFLEXÃO

Ao encarar seus próprios sentimentos:

1. Quando você se sente mais tentado a agir de forma precipitada? Quando você está irado? Com medo? Você consegue pensar em um exemplo de agir precipitadamente que não tenha acabado bem? O que você pode fazer para desacelerar quando se sente tentado a agir rápido demais por causa da maneira como se sente?

2. Algumas emoções o deixam especialmente embaraçado ou até mesmo envergonhado? Você pode pensar por que Deus lhe deu essas emoções e como elas são importantes?

3. Pense numa época em que você teve uma resposta emocional especialmente forte e inútil a algo. Você consegue identificar algum pensamento do tipo preto no branco no trabalho? O que poderia ser uma compreensão mais precisa ou equilibrada da situação?

Ao ajudar os outros:

1. Tome nota de uma pessoa especialmente chateada ou irritada na televisão ou em um filme. Ouça o diálogo e veja se você pode identificar crenças de tudo ou nada que possam explicar a reação dessa pessoa. Comece a praticar esse tipo de observação e escuta enquanto interage com os outros.

Sobre não alimentar emoções não saudáveis | 203

2. Às vezes, quando está interagindo com pessoas especialmente chateadas, há coisas que você pode fazer para ajudá-las a diminuir a velocidade em vez de aumentar e de agir precipitadamente, tais como pedir-lhes que se sentem com você (em vez de andar ou ficar andando de um lado para o outro etc.). Que outras coisas você pode fazer para ajudar uma pessoa a se acalmar?

PARTE 3
LIDANDO COM AS EMOÇÕES MAIS DIFÍCEIS

13
Lidando com o medo

Se você ficou conosco até aqui, então sabe pelo menos duas coisas sobre a visão que a Bíblia tem das emoções: elas são moldadas pelo que você ama, e você deve lidar com elas onde quer que as encontre. Nesta seção final, vamos pegar a estrutura que martelamos nos dois primeiros terços do livro e aplicá-la a algumas emoções mais comuns e preocupantes. Assim, cada um dos capítulos da Parte 3 analisará de que forma uma determinada emoção *comunica, relaciona e motiva* (como explicamos no capítulo 2), e então oferecerá sugestões para ajudá-lo a *identificar, examinar, avaliar e agir* (como falamos no capítulo 8) em resposta àquela emoção.

Começamos com a emoção do medo por duas razões simples. Primeiro, o "medo" chega até nós com um número incrível de nomes em inglês (não fizemos a pesquisa, mas não nos surpreenderia se isso fosse verdade para a maioria ou para todas as línguas). Palavras como *inquieto, preocupado, nervoso, ansioso, tenso, irritado, assustado, assombrado, apavorado, atemorizado,*

208 | ORGANIZE *suas* EMOÇÕES

em pânico, aterrorizado e petrificado ocupam pontos ligeiramente diferentes no espectro, mas todas expressam alguma versão da mesma experiência central. Assim como os esquimós, que supostamente têm mais de quarenta palavras para diferentes tipos de neve, quando seu vocabulário multiplica-se com termos para o mesmo conceito central, você sabe que se deparou com uma profunda preocupação cultural.

A segunda razão pela qual começamos com o medo é mais simples e mais pessoal: você pode muito bem ter escolhido este livro para ler por ter dificuldade com o medo. Como sabemos disso? Porque o medo está em toda parte. Todo mundo lida com ele, mas, ao contrário da ira, com a qual todos lidam também, o medo é muito mais comumente reconhecido e admitido. O medo é certamente a emoção mais comum que já vimos levar pessoas a procurarem aconselhamento.

Não estamos tentando oferecer uma abordagem exaustiva para lidar com o medo; já existem centenas de outros livros desse tipo. Nossa esperança é ajudar você a enxergar seu medo de uma forma um pouco mais clara e a lidar com ele de maneira mais eficaz, para que você possa aproveitar e aplicar o resto deste livro o máximo possível.

Com isso em mente, responderemos à duas perguntas: o que é o medo e como lidamos com ele?

O QUE É O MEDO?

O que o medo comunica?

O medo, seja uma leve inquietação ou um terror abjeto, tem uma mensagem simples: algo que você valoriza está sob

Lidando com o medo | 209

ameaça. Algo ruim pode acontecer com aquilo que é importante para você. O futuro guarda uma perda em potencial.

Por causa disso, e porque o medo é tão comum para nós, os seus medos são provavelmente o melhor mapa do que você realmente valoriza. O medo aponta diretamente para o que valorizamos, seja saúde, riqueza, aceitação, conforto, notas altas no boletim ou vencer um jogo. Você ficará mais nervoso sobre ter dinheiro suficiente para pagar a hipoteca do que sobre ter um pedaço de chiclete, porque você se preocupa mais em ter uma casa do que em comer um doce gostoso (a menos que você tenha dezesseis anos, esteja em um primeiro encontro e tenha esquecido de escovar os dentes). Você perderá mais sono à noite se preocupando com seus filhos do que com suas galinhas.

Comunicar valor é exatamente o que a "ansiedade" de Paulo está fazendo em 2 Coríntios 11.28. Conforme discutimos no capítulo 2, Paulo não está confessando pecado aos seus leitores quando lhes diz: "Além das coisas exteriores, há o que pesa sobre mim diariamente, a preocupação com todas as igrejas". Não, ele está expressando honestamente o que está em seu coração: a igreja, o reino de Deus, o bem-estar dos seus irmãos e irmãs em Cristo. Ele sabe muito bem que lobos em pele de cordeiro assaltam as congregações emergentes que ele incubou. Ele está corretamente preocupado com a jovem fé daqueles que ele trouxe a Cristo, com as tentações diárias que os crentes enfrentam de serem egoístas e autoindulgentes, com o perigo do conflito interno no corpo e assim por diante.

Algo que fala extraordinariamente bem de Paulo é o fato de que seu maior sofrimento, o ponto alto ao final de uma longa

210 | ORGANIZE *suas* EMOÇÕES

lista de provações ministeriais extenuantes, é o medo pela so-brevivência e pelo florescimento da noiva de Cristo.

Certamente, a ansiedade de Paulo não é uma ansiedade nervosa que o leva a roer as unhas. Ao contrário, suas cartas mostram um medo que é profundamente compatível com sua fé e até mesmo *movido* por ela, pois flui do seu amor por Deus e por seus filhos espirituais. É um medo que o leva diretamente a Deus. É claro, a maioria de nós é mais lenta do que Paulo em correr para Deus quando estamos com medo, e ainda menos pessoas podem dizer honestamente que a preocupação mais profunda delas é a glória de Deus e o bem-estar da igreja. Fundamentalmente, porém, sejam nossos medos piedosos ou não, nós aprendemos muito sobre nossos verdadeiros valores e mais profundos comprometimentos quando olhamos a constelação de nossos medos.

Onde o medo floresce, ali seu coração também florescerá.

Como o medo se relaciona

Nossos medos não apenas nos dizem o que amamos; eles também nos empurram em direção aos extremos nos relacionamentos. O medo nos insta ou a nos afastarmos dos outros, ou a nos apegarmos aos outros como tábuas de salvação em um naufrágio, dependendo da percepção que tivermos sobre o que mais provavelmente nos faz sentir segurança.

Tomemos, por exemplo, uma mulher com medo de ser julgada por amigos na igreja. Uma estratégia natural seria se afastar de seus amigos e manter uma distância segura para que eles vejam apenas o que ela quer que eles vejam. Isso também deixa menos pontos de contato onde seus amigos poderiam avaliar (e assim julgar) o que ela faz ou diz. Isso limita sua exposição aos sinais indicadores de desaprovação em seus rostos, vozes e escolhas não verbalizadas, para as quais ela está em alerta máximo. Tal estratégia pode facilmente se tornar um ciclo de autoexacerbação. Quanto mais ela mantém os outros à distância, mais peso ela tem em cada encontro. A pressão adicional em cada encontro, por sua vez, aumenta sua sensação de ansiedade (porque o relacionamento se tornou mais distante e, portanto, frágil). Então, o aumento da ansiedade provavelmente levará essa mulher a se descontrolar por causa, até mesmo, do menor indício de julgamento que ela corretamente perceber. Também fará com que seja mais provável que ela leia condenação em palavras e gestos onde a condenação está completamente ausente. Naturalmente, tudo isso reforçará sua sensação de que ela precisa se afastar para se proteger, aprofundando o ciclo.

Por outro lado, imagine um jovem um pouco desajeitado que tenha experimentado repetidas rejeições por parte de garotas por quem ele se interessou, mas que agora está em um relacionamento de namoro. Ele provavelmente estará excessivamente atento a cada tique ou humor de sua namorada, excessivamente ansioso para passar o tempo, excessivamente rápido para fazer o que ela quiser quando eles saírem. Em resumo, ele se apegará a ela para se tranquilizar em relação ao relacionamento e para obter provas de que ele ainda está nas boas graças dela. Muitas mulheres acharão essa atenção agradável no início, mas inevitavelmente esse tipo de atenção acaba sufocando o amor real, a confiança e a atração. Embora nosso jovem amigo

212 | ORGANIZE *suas* EMOÇÕES

não colocasse dessa maneira, ele valoriza mais *ter* uma namorada do que a moça em si, e ela sempre acabará sentindo isso.

Embora esses exemplos mostrem como o medo pode nos levar a padrões de relacionamento não saudáveis e egoístas nos dois extremos, o medo compartilhado com honestidade e sem intenção manipulativa pode fortalecer grandemente os relacionamentos. Nada extingue tão poderosamente o fogo do medo do que a presença de alguém em quem confiamos. De fato, até mesmo alguém que não conhecemos bem pode trazer uma surpreendente quantidade de conforto.

O conselheiro e autor Ed Welch, nosso colega, fala sobre sua embaraçosa descoberta de que ele se sentia menos nervoso ao levar o lixo para fora no beco perto de sua casa simplesmente porque seu gato estava lá com ele! Muito maior, especialmente em nossos medos, é a promessa subvalorizada da Escritura de que Deus estará conosco! Quantas vezes já nos escutamos orar casualmente — muitas vezes, enquanto pensamos no que dizer a seguir — para que Deus "estivesse com" alguém? A esperança e o conforto do compromisso de Deus de estar presente e estar conosco, aproximando-se e nunca nos deixando, são coisas terríveis de serem banalizadas. Afinal de contas, se um amigo ou até mesmo um gato que está conosco remove a tensão dos nossos medos, quanto mais a companhia permanente do Emanuel![1]

---

1 Emanuel é a palavra hebraica para "Deus conosco", e é o nome que o profeta Isaías dá ao Messias, o Deus que veio para trazer justiça e paz. A encarnação de Deus foi o ato mais formidável da história, e a natureza espetacular da escolha dele em permanecer conosco por meio da constante presença do seu Espírito que habita em nós, o qual até mesmo Davi, Moisés e Abraão não experimentaram, nos é impossível de captar completamente.

Deus escolheu vir até nós em carne e osso, entrar em nosso coração com seu próprio Espírito e, por fim, nos levar a estar fisicamente com ele para sempre. Certamente, tal intimidade está além da nossa compreensão. No entanto, embora isso esteja muito além do suficiente para nós, Deus não espera, e nem mesmo quer, que nós andemos sozinhos durante nossas vidas nessa terra; ele realmente nos fez para também *precisarmos* uns dos outros. Ele é suficiente e, no entanto, escolheu usar a comunhão que temos uns com os outros para nos acolher e reforçar sua presença entre nós. "Porque, onde estiverem dois ou três reunidos em meu nome, ali estou no meio deles", disse Jesus (Mt 18.20). Assim, embora haja exceções a cada regra, você estará melhor com seus medos quando, vulneravelmente, os compartilhar com um amigo de confiança.

Como o medo motiva

A frase clássica que você ouve é que o medo nos energiza para "lutar ou fugir". Esse é um resumo útil. Esclarecendo e expandindo um pouco isso, o medo nos motiva a buscar *segurança, controle e certeza*. Todas essas três coisas são boas e corretas de se buscar diante do perigo.

Todas as três, no entanto, podem rapidamente ir mal.

Já observamos inúmeras pessoas — seja uma esposa se sentindo ferida pelo marido, alguém contra quem pecaram gravemente quando ainda criança, ou simplesmente alguém com uma personalidade tímida — se agarrarem à segurança, ao controle e à certeza *a todo custo*.

214 | ORGANIZE *suas* EMOÇÕES

Mas qualquer coisa perseguida a qualquer custo acabará custando mais do que você pode pagar.

Ter segurança é ótimo, até que você se agarre tão firmemente a ela que não esteja mais disposto a sair de sua zona de refúgio (percebido), mesmo que seja para amar os outros ou obedecer a Deus. Os bons desejos de moldar de forma responsável nosso ambiente ou de obter clareza confiante sobre o resultado de nossas escolhas facilmente se tornam exigências ofensivas por um controle total e uma certeza absoluta que nós, criaturas, nunca estivemos destinados a ter.

Fundamentalmente, o problema com todos esses três métodos de proteção contra nosso mundo quebrado e perigoso é que eles apresentam uma tentação assustadoramente forte de confiarmos em nós mesmos e não em Deus. No Salmo 20, o salmista diz que "uns confiam em carros, outros, em cavalos" (v. 7), o que significa todo e qualquer tipo de poder que reunimos para nós mesmos. Ele contrasta isso com uma melhor confiança, uma confiança em "o nome do Senhor, nosso Deus" (v. 7). Quando a segurança, o controle ou a certeza se tornam nossa esperança fundamental diante do medo, estamos confiando em carros e cavalos — ou seja, em nós mesmos. Por que nós nos apoiamos em nossas próprias forças? Porque ao menos sabemos o que estamos recebendo (ou assim pensamos). No entanto, em nosso desejo de estarmos seguros por meio da manutenção do controle e da certeza, nós implicitamente acusamos Deus de, no fundo, não ter nosso melhor interesse. Tal falta de fé nos bons planos do Senhor

Lidando com o medo | 215

para nós e para nossa segurança tem estado no cerne do pecado desde Adão e Eva, no jardim do Éden.

Diremos mais uma vez: segurança, controle e certeza não são ruins! Provérbios nos exorta a buscar segurança, dizendo que os sábios veem os problemas chegando e se escondem (22.3). Além disso, a Escritura nos chama constantemente a buscar a sabedoria e a ver a verdade com clareza, o que é uma espécie de certeza. A Bíblia tem até uma visão extremamente elevada do controle, se por "controle" você se refere ao exercício correto de qualquer ponto forte e responsabilidade que você tenha. Seja você um executivo de negócios organizando acordos ou uma criança de três anos de idade organizando bonecas, trazer ordem e frutificação ao seu mundo é bom. De fato, Paulo escreve bastante sobre chamar os líderes da igreja para direcionarem e moldarem o crescimento da fé e da comunidade de suas congregações. Em resumo, o problema não está na autoproteção ou no desejo de trazer ordem e previsibilidade para o mundo ao nosso redor.

Em vez disso, a advertência que queremos dar é simplesmente a seguinte: nesta vida fraturada, você nunca estará completamente seguro, totalmente no controle ou 100% certo do que virá em seguida. Nunca foi pretendido que você estivesse. Em vez disso, os perigos, a dependência e as incertezas são sinais que nos apontam não para uma estratégia, mas para uma Pessoa: Aquele cujo controle e caráter absolutamente certo são nossa única segurança real.

Não confie sua vida e seus tesouros à sua mente, sua conta bancária, sua personalidade ou suas realizações. Essas coisas

216 | ORGANIZE *suas* EMOÇÕES

são todas carros e cavalos que não podem salvar (não conhecemos muitas pessoas que hoje em dia lutam para colocar sua confiança em carruagens literais). Seu único caminho para a verdadeira segurança está em confiar em Deus, envolvendo-o em seus medos.

COMO DEVERÍAMOS LIDAR COM O MEDO?

Identificando o medo

Como acontece com qualquer emoção, lidar com o medo começa simplesmente por perceber que ele está lá. Aqui estão algumas impressões digitais típicas que o medo deixa.

Fisicamente, o medo forte tende a causar falta de ar, batimentos cardíacos acelerados, palmas das mãos suadas, músculos tensos e pensamentos acelerados. Também não são incomuns os tremores nervosos (no rosto ou uma constante agitação de mãos ou pernas). O medo mais brando, mais básico, pode aparecer como problemas digestivos (úlceras e síndrome do intestino irritável podem ser resultado da ansiedade a longo prazo), dores de cabeça, fadiga e, frustrantemente, toda uma série de outros sintomas de difícil identificação. Basicamente, dado o tempo necessário, o medo pode roer praticamente qualquer parte do seu corpo. Isso não significa que todo sintoma físico inexplicável deriva de uma ansiedade não abordada! Significa, no entanto, que seus medos provavelmente estão tendo um impacto em seu corpo maior do que você imagina.

O medo também nos leva a padrões de comportamento. Alguns se veem verificando as coisas repetidamente para ter certeza de que estão bem, mesmo quando sabem o que vão encontrar (uma condição conhecida como transtorno obsessivo compulsivo em suas formas mais intensas). Outros expõem seu medo dando constantes avisos aos que os rodeiam para que tenham cuidado, não subam tão alto na árvore, não assumam esse risco e assim por diante.

Talvez o sinal mais simples de medo em sua vida seja uma tendência a perguntar "e se": *E se* não tivermos dinheiro suficiente para cobrir isso ou aquilo? *E se* nós chegarmos lá e eles já tiverem ido embora? *E se* ninguém gostar do meu projeto? *E se* eu não estiver pronto quando eles me chamarem? Os "*e ses*" olham para o futuro e importam toda a angústia de possíveis desgraças enquanto colocam Deus e sua ajuda para fora de cena.

Finalmente, uma vez que o medo comunica o que é importante para você, há uma boa chance de que você esteja se sentindo temeroso se algo ou alguém com quem você se importa estiver sob algum tipo de ameaça, mesmo que você não esteja consciente de sentir alguma coisa. Por exemplo, você pode estar ciente de que seu filho tem sido influenciado por uma galera ruim ou de que você pode ser dispensado do seu emprego sem estar ciente de estar ansioso. No entanto, é lógico que, se alguém ou algo que lhe diz respeito (inclusive você mesmo!) estiver em apuros ou tiver um futuro incerto, o medo provavelmente estará por perto.

Examinando o medo

Agora que você identificou alguma forma de medo em si mesmo, é hora de olhar para o que está acontecendo com esse medo. Nosso exame irá caçar, com especial atenção, os vestígios

218 | ORGANIZE *suas* EMOÇÕES

de duas coisas: com o que você tem se importado e o que você está (ou não) fazendo ativamente para lidar com o medo. Aqui estão três perguntas úteis para que você possa começar.

Em que contextos eu sinto esse medo? Essa primeira pergunta está buscando saber quais fatores estão apertando os botões do seu medo. Existe algum lugar em particular que o deixa nervoso toda vez que você está lá? Por exemplo, algumas pessoas têm medo de ir para casa por causa da tensão, da violência física ou da solidão. Outras ficam ansiosas no escuro (um medo muito mais comum entre os adultos do que você imagina!). Algumas pessoas temem um trecho particular de estrada após um acidente. As pessoas temem igrejas, elevadores, aeroportos, florestas ou dirigir em uma cidade. Eu (Alasdair) fico assustado ao nadar se não sei qual é a profundidade.

Outro tipo de contexto é o tempo. Certas estações, eventos ou momentos do dia podem produzir ansiedade. Algumas pessoas, por exemplo, temem feriados, datas dolorosas no calendário associadas ao luto ou datas com altas expectativas (o Dia dos Namorados é muitas vezes mais estressante do que romântico).

Ainda outros medos giram em torno de pessoas e atividades. Há pessoas específicas em cuja presença você se sente imediatamente tenso? E quanto a determinadas atividades — preparar o jantar, atravessar pontes, usar banheiros públicos, tocar as maçanetas das portas, praticar esportes, se apresentar em uma reunião?

Um exame sábio dos seus medos começa observando o que quer que aconteça ao seu redor quando você se sente amedrontado.

O que você está fazendo em relação ao seu medo? A segunda pergunta segue a primeira. O que você se vê fazendo em resposta aos lugares, pessoas, tempos ou atividades que despertam seu medo?

Você se automedica, ou escapa para o álcool, redes sociais, jogos de smartphone, devaneios e fantasias, ou trabalha demais? Você mergulha mais profundamente no turbilhão de seus pensamentos ansiosos, correndo sem parar para resolver problemas em sua cabeça, como um hamster em uma roda? Fica irritável e crítico em relação aos que o rodeiam? Volta-se honesta e desesperadamente para a oração?

Lembre-se: o fato de você não se orgulhar de sua reação não significa que a preocupação subjacente seja inválida. Diremos mais sobre isso em um dado momento, quando falarmos sobre como avaliar seu medo.

O que você está valorizando? A forma mais simples dessa pergunta é: *Por que eu me importaria se X acontecesse?* Ouça seus medos. Eles estão lhe dizendo algo muito importante sobre o formato de suas esperanças, de seus sonhos e, mais fundamentalmente, de sua adoração. Examinar seu medo é uma chance de colocar nomes em seus tesouros, de ouvir o que eles estão comunicando.

Avaliando o medo

Como já dissemos, o medo pode ser bom. Muitos medos se enraízam em preocupações válidas por amores válidos. Pense no cuidado de Paulo com as igrejas, levando à sua ansiedade em 2 Coríntios 11.28; seu amor pelos filipenses, produzindo

220 | ORGANIZE *suas* EMOÇÕES

uma preocupação ansiosa para que eles soubessem que um de seus membros se recuperou da doença (Fp 2.25-29); seu relacionamento familiar com os tessalonicenses, compelindo-o a enviar Timóteo para descobrir se a fé e a comunhão deles se mantinham depois que ele partiu (1Ts 3.5).

Por outro lado, nossa experiência diária e a história da Escritura estão cheias de exemplos do medo que afasta os corações de Deus, em vez de os levarem até ele.

É mais fácil começar avaliando sua reação ao medo do que o medo em si. Pergunte-se: *Minha reação a esse medo é piedosa e construtiva, ou estou agindo de forma destrutiva e pecaminosa?* Agora, como acabamos de dizer anteriormente, uma má resposta não significa necessariamente que o medo ao qual você responde está errado ou que brota de um amor desordenado. Dito isso, se seu medo está encorajando o isolamento, a ira, a automedicação, problemas de saúde, uma crescente distância entre você e o Senhor, ou coisas do tipo, *algo* está fora do lugar. Sua oração em tais momentos é que Deus o ajude a ver o que está errado, seja isso amar a coisa errada, amar demais a coisa certa, exigir certeza e controle para proteger algo que você corretamente ama, destruir coisas mais importantes em um esforço para salvar o que você teme que esteja em risco, ou alguma outra resposta defeituosa. A Bíblia nos oferece uma esperança reorientadora em nossos medos: não importa o perigo ou o que estamos valorizando, podemos confiar a Deus os nossos tesouros, e todo medo deve nos conduzir diretamente ao Senhor em oração, obediência e companheirismo!

Segue-se uma segunda pergunta de avaliação um pouco mais difícil: *Qual será a probabilidade de que o temido evento aconteça?* O medo é um notório exagerador e um falso profeta da desgraça.[2] Apesar de o medo raramente evaporar simplesmente porque você percebe que as chances de dano são baixas, avaliar a magnitude da ameaça ainda é importante na preparação para responder. Muitos de nós já tivemos aquela coceira no fundo da nossa mente pensando que esquecemos de trancar uma porta em casa depois que saímos, mesmo sabendo que provavelmente fizemos isso no piloto automático. Embora seja algo significativo se a casa for arrombada, realisticamente a probabilidade de termos esquecido de trancar a casa são extremamente baixas; e, mesmo que tivéssemos esquecido, há uma boa chance de ninguém tirar vantagem. A questão é que avaliar os medos como exagerados pode ser justamente aliviador.

Por outro lado, enquanto eu (Alasdair) escrevo estas palavras, o furacão Irma está uivando através do oceano Atlântico em direção à Flórida, com chegada prevista para as próximas 48 horas. Centenas de milhares de pessoas ao longo da costa, em áreas baixas e em parques de trailers foram ordenadas a evacuar. Essas pessoas não sabem ao certo o que vai acontecer, mas o medo que sentem de que a tempestade destrua suas casas e as mate se elas ficarem ali é definitivamente justificado pela alta probabilidade de que suas comunidades sejam varridas por uma onda de tempestade. Aqui está um exemplo de

---

2 Edward T. Welch, *Running Scared: Fear, Worry, and the God of Rest* (Greensboro, NC: New Growth, 2007), 51-52.

222 | ORGANIZE *suas* EMOÇÕES

medo avisando corretamente as pessoas de um perigo muito realista, e nossa avaliação deve levar isso em consideração.

Então, e se, como acontece com muita frequência, você não tiver certeza de quão provável o medo realmente é? E se você suspeitar que está sendo excessivamente dramático, mas não se sentir capaz de confiar em seu próprio julgamento ou avaliação? Pergunte a alguém em quem você confia!

Uma questão intimamente relacionada também precisa de avaliação: qual seria a importância se seu medo se tornasse realidade? Digamos, por exemplo, que você tenha perdido um recibo da nova torradeira que você comprou. As chances de precisar devolver o produto na garantia podem ser bem pequenas, mas ainda estão lá. Entretanto, mesmo que a torradeira se quebre e você não possa obter um reembolso por ter perdido o recibo, sua perda é pequena. Simplesmente não é tão grande coisa assim se você tiver que comprar uma torradeira nova ou se você ficar sem bagels e muffins ingleses. Às vezes, porém, nossos medos se fixam nos recibos perdidos em nossa vida e nos preocupamos muito com provações razoavelmente menores que teriam um impacto mínimo, mesmo que o pior cenário ocorresse.

As duas perguntas de avaliação anteriores — por mais importantes que elas sejam para enxergarmos claramente nossa situação e até mesmo para trazer um certo alívio — fazem pouco para nos ajudar a trazer o cerne de nossos medos ao coração da nossa fé. Aqui estão, então, duas perguntas finais que sondam mais profundamente e abrem o caminho para que o evangelho nos encontre, quer nossos medos nos atinjam ou passem ao largo.

Primeiro, você *deveria* se importar com essa coisa que está ameaçada em sua vida? Ou, para colocar a questão de maneira diferente, como Deus vê sua situação? Por exemplo, um homem pode ter um profundo medo de que sua querida vida secreta com pornografia seja descoberta. Nesse caso, a questão não é se seu medo é altamente realista (sua esposa vai ver o relatório do cartão de crédito) ou extremamente improvável (ele é um guru da tecnologia que apaga seus rastros meticulosamente). A questão é que, em primeiro lugar, ele não deveria estar valorizando esse câncer horrível em sua vida. Em vez disso, ele deveria realmente *desejar* ser descoberto. De fato, ele deveria revelar e confessar seu pecado a sua esposa e aos amigos íntimos. Agora, todos nós podemos e devemos ter compaixão por ele, mesmo quando teme a vergonha de seu pecado ser exposto; todos nós pecamos de maneiras terríveis e de fato dói quando outros veem como nosso coração pode ser sombrio. No entanto, o medo de perder suas amadas amantes digitais está fundamentalmente fluindo de um amor por algo que ele deveria odiar. Ele precisa muito avaliar o coração de seu medo e ver que o problema é o objeto de seu amor, não a extensão de sua ansiedade.

Segundo, mesmo que você *devesse* valorizar o que teme perder, a valorização saudável se tornou uma idolatria venenosa? Às vezes não é pornografia, mas um ministério de sucesso ou um dia ensolarado para o seu churrasco. O ministério e o sol são bons desejos, mas ambos podem ascender ao trono de nossos corações e se tornar um tirano cruel em vez de um presente que esperamos de Deus e do qual não dependemos. O medo expõe os ídolos do nosso coração de forma muito eficaz, assim

224 | ORGANIZE *suas* EMOÇÕES

como também põe em evidência as boas áreas onde Deus moldou nossos desejos de forma justa e saudável. Assim, o medo dá uma mensagem vital ao pastor popular que teme ir ao púlpito nas manhãs de domingo porque cada novo sermão tem o peso crescente de sustentar sua reputação: o objetivo piedoso de um ministério próspero está em guerra com o próprio Deus pelo seu coração.

O que o seu medo está lhe dizendo sobre o que *você* ama?

Agindo em resposta ao medo

Então, o que você deve fazer em relação ao seu medo?

Depende.

Depende do que o seu exame e a sua avaliação lhe mostraram. Depende de quão importante ou perturbador é o padrão que você está observando. Depende do que mais está ocorrendo em sua vida. No entanto, podemos fazer algumas sugestões gerais.

Em primeiro lugar, aprenda a voltar-se para a Escritura. Nós mencionamos como o Salmo 27 fala às nossas ansiedades. Mesmo uma hoste literal de homens fortemente armados tentando cortar e esfaquear você não é capaz de superar a "fortaleza da sua vida" e sua proteção, nem nesta vida nem na que há vir. A passagem de 1 Pedro 5.7 é impressionantemente simples: lance seus medos diretamente nas mãos dele; deposite seus frágeis tesouros no colo dele; entregue a ele toda a sua ansiedade. Por quê? Por que ele tem cuidado de vocês. Ele "cuida" em ambos os sentidos: ele pensa em você, sente por você e tem um interesse em como você tem vivido; e ele olha por você, age

Lidando com o medo | 225

em seu favor, toma conta de você. Ele promete estar com seus filhos não importa o que aconteça, até o fim dos tempos e além (Js 1.9; Mt 28.20). Ele promete que sempre verá sua obediência e nem mesmo um copo de água fria dado por amor a Cristo pode ser desperdiçado (Mt 10.42). Ele o convida a vir a ele quando você estiver cansado e sobrecarregado (Mt 11.28-30). Ele perdoa os seus pecados (Êx 34.6-7a).

Essa não é uma lista de verdades abstratas para memorizar (embora memorizá-la possa ser muito sábio!) Essas são palavras reais vindas de um Deus real que realmente pode e vai fazer tudo o que prometeu. Esses compromissos de uma Pessoa em quem você pode confiar a sua vida são um motivo sem precedentes para a esperança em face do medo.

No outro lado do espectro, provavelmente não faz mal controlar sua respiração. A ansiedade pode ser a forma do seu coração comunicar que o seu tesouro está sob ameaça, mas, conforme dissemos no capítulo 4, ela escreve essa mensagem na lousa do seu corpo. Respirar de forma profunda, regular e curta e exalar vagarosamente são uma forma comum de pregar a verdade da segurança em Cristo ao corpo que treme de medo.

Um pouco de exercício também não seria má ideia. Alguém uma vez brincou que "o exercício é a medicação menos utilizada para a ansiedade". Sair para correr raramente faz com que seus medos vão embora, mas assim como respirar fundo exerce uma verificação sobre o coração acelerado, assim o exercício físico regular pode reduzir a habilidade da ansiedade de comandar os sistemas do seu corpo e convertê-los em um megafone para uma história de desgraça.

226 | ORGANIZE *suas* EMOÇÕES

Ironicamente, muitas pessoas ansiosas também têm dificuldade para descansar. Os negócios, sejam eles trabalho ou prazer, podem abafar o "eterno murmúrio interior"[3] de que as coisas não vão muito bem. Para aqueles que constroem fossos de atividades sem fim para manterem a ansiedade longe, o descanso tem a sensação de abaixar a ponte levadiça e dar as boas-vindas ao invasor para dentro da torre de menagem. É difícil descansar quando tudo dentro de você grita que uma carreira de sucesso, uma conta bancária crescente, filhos bem formados, um grupo de estudo bíblico feminino que floresce ou uma programação de lazer que traz satisfação, qualquer uma delas que exija esforço de sua parte, é *a* coisa que manterá sua vida a salvo! A ansiedade empurra muitas pessoas em um moinho que nunca diminui o ritmo.

Porém, se você se identificou, não pode se dar ao luxo de *não* diminuir. Para você, diminuir o ritmo é fé.

Quando você deixa de verificar os e-mails à noite, abre mão de um papel de liderança, ou mesmo leva cinco minutos para respirar ou dar uma caminhada, você implicitamente confia a si mesmo e as coisas com as quais você se preocupa às mãos de Deus. Ao escolher descansar em vez de se jogar na briga, você está literalmente colocando a batalha e seu resultado ativamente nas mãos do Senhor. Isso não significa que a autoindulgência ou a preguiça sejam virtudes. Significa, sim, que recusar correr sem fim e escolher descansar, mesmo nas

---

3 Judith Shulevitz, "Bring Back the Sabbath," *The New York Times*, March 2, 2003; uma versão on-line está disponível em: https://www.nytimes.com/2003/03/02/magazine /bring-back-the-sabbath.html. Acesso em: 06 dez. 2021.

menores formas, são uma declaração profunda de que sua esperança está em Deus e não em você mesmo.

O outro lado da moeda é que muitas pessoas têm dificuldade com a procrastinação, o que é apenas o mesmo que o medo motivado como vício em trabalhar. O procrastinador teme o desconforto de fazer o trabalho, a incerteza do resultado ou ambos. Quando você se vê instintivamente postergando o projeto mais importante a fim de reorganizar a gaveta de meias ou de jogar mais um jogo (ou ler mais um parágrafo, ou enviar mais uma mensagem de texto, ou...), sua necessidade é exatamente a mesma que a do trabalhador ansioso descrito anteriormente: confiar a si mesmo e o seu trabalho a Deus. A única coisa que muda é a aplicação. Para você, a fé será forçar-se a fazer aquilo que é sua responsabilidade. Ao fazer isso, você confia às mãos de Deus a dor do processo (normalmente exagerado em sua mente, de qualquer modo) e o eventual sucesso ou fracasso do seu projeto (onde essas coisas estavam desde o princípio).

E se você descobrir que, de alguma forma, tem dificuldade tanto com uma atividade sem fé e autoprotetora quanto com uma procrastinação sem fé e autoprotetora? Bem-vindo ao clube. Que bênção é o fato de nosso Pai saber que o nosso medo é bem capaz de nos conduzir em direções opostas ao mesmo tempo. Ele caminha pacientemente ao nosso lado, resgatando-nos de um perigo de cada vez, ensinando-nos a confiar nele em nosso trabalho e em nosso descanso.

Dois tipos finais de ação se aplicam a todos nós.

228 | ORGANIZE *suas* EMOÇÕES

Em primeiro lugar, procure e aproveite as oportunidades para encarar seus medos. "Encare seus medos" é, certamente, um clichê muito usado, mas isso é assim por uma razão: há um enorme valor em se voltar para as coisas que tememos ao invés de fugirmos delas. Essa virada *não* deve ser um exercício de *auto*confiança. Porém, quando *lidamos com* nossos medos com Deus, podemos ter enorme confiança de que ele nos fortalecerá e nos fará crescer. Portanto, atravesse essa ponte. Seja honesto com seu amigo sobre esse desafio em seu relacionamento. Mantenha-se em silêncio sobre sua irritação, em vez de se preocupar mais uma vez com isso em seu esforço para controlar a outra pessoa. Vá pular de paraquedas. Dê mais dinheiro para a sua igreja e para as instituições de caridade. Tire férias. Assuma uma nova maneira de servir.

Em segundo lugar, vá para a ofensiva contra qualquer área de sua vida em que você esteja se automedicando. Resista, reduza, abra mão. É incrível o que você aprende sobre si mesmo quando se livra de uma muleta na qual tem se apoiado. (Isaías registra como até mesmo os inimigos de Deus podem ver que tais muletas fracas e ineficazes são varas afiadas que furam sua mão quando você coloca seu peso sobre elas — Is 36.6). Cada vez que você corre para uma garrafa, uma tela, ou um evento em vez de correr para o seu Pai celeste, você está *desligando-se* de suas emoções e dele.

Não se deixe enganar. Cada uma das muitas ações que mencionamos é, em última instância, mais do que uma ação. As ações sempre revelam nossas crenças fundamentais e nossa confiança. Em última análise, sempre expressamos nossas preferências por meio de nossas ações. Você pode escolher fazer qualquer uma das mudanças apresentadas neste capítulo simplesmente dizendo: "Está bem, vou tentar". Mas você não sustentará nenhuma mudança em sua vida, a menos que o amor de seu coração mude junto com suas ações. Somente aqueles que estão crescendo em seu amor por Deus serão capazes de confiar nele. No entanto, longe de reduzir a algumas elites o campo daqueles que podem superar o medo, isso realmente dá esperança de que todos nós podemos fazer isso! Por quê? Porque todo medo trazido ao Senhor, toda ansiedade ou terror abatido sob o abrigo de suas asas reforçam nossa escolha de confiar. Isso significa que mesmo os menores atos de fé, na misericórdia de Deus, são autoperpetuantes. Como os Salmos demonstram repetidamente, cada pequeno gostinho da ajuda e da proximidade de Deus diante dos nossos medos desperta maior amor pelo Senhor, o qual, por sua vez, ele cultiva amorosamente a fim de obtermos uma fé mais profunda e vidas transformadas.

PERGUNTAS PARA REFLEXÃO

Ao encarar seu próprio medo:

1. Das coisas que você aprendeu sobre o medo, o que foi novidade para você?
2. O que você aprendeu sobre o seu próprio medo?
3. Qual dos passos estudados (i.e., identificar, examinar, avaliar, agir) é o mais difícil para você com relação ao seu medo?

230 | ORGANIZE *suas* EMOÇÕES

Ao ajudar outros com medo:

1. Você é melhor em reconhecer quando os outros sentem medo? Você é capaz de enxergar quando o medo está entocado debaixo da ira ou escondido pela autoconfiança?

2. Qual é a sua abordagem instintiva para com aqueles que têm medo? Validá-los? Mudá-los? Consolá-los? Correr dessas pessoas?

3. Que passagens mais falam a *você* em seus medos? Como você poderia compartilhar essas passagens com alguém? Você consegue falar sobre como o Senhor o tem ajudado sem roubar a conversa e torná-la sobre você?

14
Lidando com a ira

Se o medo é a luta emocional mais comum com a qual a Escritura lida, a ira é a mais perigosa. Por ser capaz de aproveitar uma quantidade tão grande de energia, a ira pode reduzir enormemente a escuridão do nosso mundo quebrado ao corrigir erros e proteger uma miríade de boas coisas frágeis ao nosso redor. Mas ela também pode produzir vasta destruição. Por esse motivo, poucas missões têm tanto valor quanto lidar com sua ira de uma forma piedosa, seja quando essa missão for a redução da fúria pecaminosa ou o desencadeamento de um ataque reto e redentivo sobre o poder corruptor do mal.

Aqui está a pegadinha: a ira quer resultados rápidos. Se você tem dificuldade com ela, achará difícil desacelerar e ouvir este capítulo.

Portanto, deixe-nos fazer um pedido: não se apresse neste material sobre ira. Não suponha que você não seja uma pessoa

232 | ORGANIZE *suas* EMOÇÕES

irada. Não leia o que nós escrevemos e diga, "Ah, eu sei quem precisa ouvir isso". Em vez disso, leia este capítulo mais vagarosamente do que você leu qualquer outro e parta do pressuposto de que a sua ira é um problema maior do que você pensa. Pode ser que você se surpreenda com o que encontrar. Porém, mesmo que você não se surpreenda, seria difícil para qualquer um pensar no problema da ira com cuidado excessivo ou ir devagar demais no estudo desse problema em seu próprio coração.

O QUE É A IRA?

O que a ira comunica?

A ira diz: "Isso é errado". Trata-se de uma emoção fundamentalmente *moral*. Na verdade, pode-se dizer que a ira é *a* emoção moral. Quando você está irado, o que está acontecendo dentro de você é o seguinte: seu coração está observando a cena diante de você e gritando que algo que você ama está sendo tratado injustamente. A ira sempre passa julgamento (e os julgamentos, ao contrário de um espírito julgador, podem ser tanto certos quanto errados).

Ao contrário da fervorosa crença contemporânea de nossa cultura, de que chamar as ações de outra pessoa de erradas é o pior dos pecados, o julgamento moral e a ira justa contra o mal são, na verdade, aspectos essenciais do amor. É por isso que Paulo nos exorta não apenas a "apegar-nos ao bem", mas também a "detestarmos o mal" (Rm 12.9). O Holocausto não era uma perspectiva diferente sobre o valor da vida judaica; era uma perversidade desprezível e satânica. O abuso infantil, o assassinato e o tráfico sexual não são formas alternativas de abordar a vida; eles são um inferno que penetra em nosso mundo.

A ira está correta ao dizer que algumas coisas são terrivelmente erradas. E ainda assim, esse tipo de ira, assim como todas as emoções, flui do amor.

É por isso que existe a tal da ira boa. Embora isso possa ser contraintuitivo para a maioria de nós, a Bíblia de fato apresenta o próprio Deus como o personagem mais irado da Escritura. No entanto, ele é o mais irado precisamente *porque* ele também é o personagem mais amoroso em toda a Escritura. Lembre-se de onde começamos neste livro: Jesus de pé com as lágrimas de ira e de pesar correndo por seu rosto enquanto vê a horrenda forma pela qual a morte rasga o tecido da criação do seu Pai.

Amar profundamente é estar profundamente irado quando as pessoas que você ama são vítimas de injustiça.

Muitas vozes famosas no século passado — C. S. Lewis, Mahatma Gandhi, Dietrich Bonhoeffer e G. K. Chesterton, para citar alguns — proclamaram a inseparabilidade do amor e do ódio. O oposto do amor, eles nos dizem, não é ódio, mas apatia. Conforme o filósofo inglês Edmund Burke é frequentemente citado como tendo dito: "Tudo o que é necessário para o triunfo do mal é que os homens bons não façam nada".[1]

Em seu melhor estado, a ira comunica o amor protetor pelo que Deus ama. Porque ela se deleita profundamente nos relacionamentos, nas pessoas, nas estruturas da justiça, na beleza da

---

1 Burke disse algo assim, mas os pesquisadores não foram capazes de confirmar essas palavras em seus escritos.

criação e nas bênçãos materiais que Deus deu, ela tem como alvo qualquer coisa que nos separe de Deus ou uns dos outros e qualquer coisa que destrua o que é certo, amável e frutífero.

No seu pior, a ira transmite um interesse próprio não adulterado e emite um ultimato: obedeça à *minha* lei e à *minha* vontade ou sofra a minha cólera. A ira pecaminosa ainda toma o terreno elevado da moral, mas é um terreno elevado fabricado por minhas próprias preferências soberanas. Ou, quando a ira pecaminosa vai realmente atrás de alguma injustiça real, é porque *eu* não gosto daquilo e *eu* me sentirei melhor quando a vingança tiver sido feita. Não se enganem, a atração da ira é forte. A ira oferece a experiência intoxicante de fazer-se de Deus — de ser legislador, juiz, júri e ordenar o mundo de acordo com o que *eu* gosto.

A ira má é totalmente arrogante.

A grande esperança do diabo é que nós, assim como Darth Vader exorta Luke em *O Retorno do Jedi*, cedamos à nossa ira. Felizmente, o grande dom de Deus é a obra transformadora de seu Espírito. Ele gentilmente muda nosso coração para que cresçamos em amor por ele e pelo nosso próximo de maneiras que permitam que a ira movida pelo amor dê frutos redentores.

Como a ira se relaciona

Se você já teve alguém que ficou irado em seu favor quando você foi prejudicado ou tratado injustamente, sabe que isso é incrivelmente reconfortante. Quando um amigo fica irado por você ter sido alvo de fofoca, negligenciado injustamente no trabalho, ou quando seus filhos são ignorados por um professor na escola, você não consegue evitar sentir-se validado e encorajado. Agora, isso pode azedar em um segundo se recrutarmos exércitos de simpatizantes que reforcem a autopiedade em nosso coração. No entanto, o instinto de nosso desejo de puxar os outros para dentro do nosso próprio partido de piedade reforça o seguinte ponto: é uma sensação muito boa ter defensores irados. Desde a Missão Internacional de Justiça (uma organização sem fins lucrativos que resgata pessoas traficadas sexualmente ao redor do mundo) até um irmão mais velho que defende um irmão mais novo que está sendo intimidado na escola, a ira defende aqueles com quem ela se preocupa.

Existe, no entanto, uma grande diferença entre uma pessoa cheia de amor que fica irada com uma determinada injustiça e uma pessoa que está simplesmente irada o tempo todo. Embora haja, de fato, muito para se zangar em nosso mundo, a ira não deve dominar perpetuamente sua paisagem emocional. Ninguém pode viver perto de uma fogueira que nunca se apaga e não acabar se queimando.

As pessoas iradas tendem a estar altamente sintonizadas com as falhas dos outros e são rápidas em oferecer ou decretar correções. Seja através de uma ira tímida oferecendo críticas sutis — comumente chamadas de "passiva-agressivas" — ou de uma abordagem mais descarada que levanta sua voz e dá tapas na mesa, as pessoas iradas constantemente enviam uma mensagem implícita (às vezes até explícita) aos que as cercam: não vá contra a minha vontade ou você enfrentará as consequências. O instinto da ira é punir e atacar o que quer que seja (ou quem

236 | ORGANIZE *suas* EMOÇÕES

quer que seja) que ela perceba como errado. É isso que torna desagradável estar ao redor das pessoas iradas.

Para piorar a situação, as pessoas iradas quase nunca sabem que são pessoas iradas. Isso faz sentido se pensarmos no seguinte: a ira diz que eu estou certo e você está errado. Quando você se sente profundamente certo, é extremamente difícil dar um passo atrás e dizer: "Talvez eu seja o problema aqui". Sabendo disso a nosso respeito, Jesus nos dá uma de suas mais famosas instruções: tire a trave do seu próprio olho (i. e., lide com suas próprias falhas) antes de tirar o cisco do olho do seu próximo (i. e., apontar uma falha no seu próximo).

As pessoas que ficam iradas tem grande dificuldade em perceber suas próprias falhas.

Como resultado, aqueles que vivem em um estado regular de ira, sentindo-se moralmente superiores e punindo quem discorda delas, acabam afastando as pessoas até ficarem sozinhas no centro de um círculo relacional de terra queimada. As pessoas se sentem nervosas na presença da ira, recuando com medo da crítica, do julgamento e do ataque. Isso, por sua vez, irrita a pessoa irada, que se sente abandonada e julgada de forma injusta (como eles ousam me tratar como o problema quando eu estou certo e tenho que aguentar o lixo deles?), o que apenas faz com que os conhecidos se afastem cada vez mais e o ciclo se aprofunde.

Como a ira motiva

A ira busca a justiça. Especificamente, ela protege o que ama, pune qualquer um que prejudique o objeto de seu amor e procura reverter os danos. Cada uma dessas coisas pode trazer paz e restauração. Cada uma delas também pode causar rupturas no tecido da criação. A questão fundamental é a seguinte: nossa ira está servindo construtivamente aos propósitos misericordiosos e redentores de Deus, ou está servindo de forma destrutiva a nossa própria agenda egoísta?[2]

A ira nunca se contenta em ficar ociosa. Quando o autocontrole e a sabedoria a restringem, eles o fazem com grande dificuldade. Quando a ira não consegue encontrar uma saída — talvez aquele que o prejudicou esteja morto agora, ou você sente que ninguém acreditaria em você se você se pronunciasse, ou você perderia o respeito se tratasse um problema de ofensa —, ela fermenta naturalmente em amargura, depressão ou vergonha. (Felizmente isso não é inevitável se nos comprometermos vigorosamente com o Senhor em nossa ira!)

Todos nós vimos a ira em ação. Ela motiva uma criança pequena a gritar ou bater em outra por causa de um brinquedo roubado. Ela estimula sua língua ou mesmo seus punhos a calar os outros ou a cortá-los se eles o desrespeitarem. Também o pressiona a processar um ladrão que invadiu sua casa. Ela alimenta seus apelos e esforços para quebrar a névoa autodestrutiva de um viciado.

A ira, mais do que qualquer outra emoção, exige ser satisfeita com a ação.

---

2 Para obter uma discussão em profundidade sobre o potencial construtivo da ira piedosa, veja o livro de David Powlison, *Good and Angry: Redeeming Anger, Irritation, Complaining, and Bitterness* (Greensboro, NC: New Growth, 2016).

238 | ORGANIZE *suas* EMOÇÕES

COMO LIDAR COM A IRA

Identificando a ira

Considerando que a ira exige ação em resposta ao seu julgamento de que alguém cometeu uma ofensa moral, esperamos encontrar a ira em qualquer lugar em que encontrarmos alguém em modo de ataque.

Fisicamente, isso normalmente aparece como respiração acelerada, rosto ruborizado, músculos tensos (talvez até mesmo punhos cerrados). Quando você está com raiva, seu corpo se sente tenso. A longo prazo, as sementes da ira brotam em quase tantos sintomas quanto os do medo: hipertensão, problemas digestivos e pressão alta, só para citar alguns.

Agora, lembre-se de que todas essas experiências também se aplicam à ira justa, mesmo os danos físicos sendo potenciais a longo prazo! O rosto de Jesus certamente ficou mais avermelhado quando ele levantou as mesas nos tribunais do templo, e não tenho dúvidas de que os funcionários da Missão Internacional de Justiça correm o risco de perder o sono frequentemente por causa das atrocidades que testemunham.

Nosso corpo vai se retesar e deveria fazê-lo quando enfrentamos o mal.

Dito isso, a ira raramente é justa, e a maior parte do que você identifica será feio. Se você pegar a ira pecaminosa normal em flagrante, ouvirá voz elevada e palavras duras e críticas. Você poderá ver itens quebrados que foram jogados ou esmagados (pratos, paredes e telefones são presas especialmente comuns). Infelizmente, a ira pode até nos iludir para justificar um ataque físico a outro ser humano. Contusões e ossos quebrados são os cartões de visita de um problema de ira que apodreceu e se tornou algo grave e urgente.

Se você der um zoom para longe da pessoa irada e girar panoramicamente na direção da pessoa sobre a qual repousa o descontentamento da pessoa irada, você encontrará lágrimas, silêncio tenso, aplacamento ansioso ou retribuição do fogo irado. A ira habitual deixa relacionamentos tensos ou quebrados em seu rastro; amigos e familiares ficam ofendidos ou machucados e, muitas vezes, pisando em ovos ao redor da pessoa irada. A desconfiança envolve qualquer pessoa dada à ira; onde as pessoas são hesitantes e ficam em guarda, você provavelmente não está longe de uma pessoa irada.

O próprio indivíduo irado, no entanto, verá o mundo de maneira bem diferente. A ira parece tão certa, tão nobre. Assim, enquanto as pessoas na vida da pessoa irada se afastam do calor abrasador que as intimida, a pessoa irada sente-se como um mártir. Seu mundo está cheio de "idiotas", de "estúpidos" e de "pessoas egoístas que não jogam limpo". Essa dinâmica é quase humorística quando sua filha que está no jardim de infância vem até você bufando porque seus dois irmãos querem assistir a um programa (que até ontem ela também amava), mas que ela não quer ver (imagine a audácia deles!), e ela lhe diz que eles estão "só assistindo porque não querem que eu tenha o que eu quero". Mas a ira torna-se uma vil antecipação do inferno quando um homem de meia-idade justifica seu abuso físico, sexual e relacional porque sua esposa "não está fazendo o que a Bíblia diz que ela deve fazer".

240 | ORGANIZE *suas* EMOÇÕES

Se você descobrir que parece sempre estar rodeado de tolos em todos os lugares que você vai, tenha cuidado. Pode ser que você esteja tropeçando cegamente colina abaixo em direção a um sério problema com a ira.

Um último pensamento sobre identificar essa emoção. Ouvimos pessoas dizerem inúmeras vezes algo como: "Não estou com raiva; estou apenas frustrado". Ou "irritado". Ou "aborrecido". Embora o uso comum da língua inglesa realmente reserve a palavra *ira* para situações mais intensas do que palavras como *frustrado* denotam, não se deixe enganar: frustração, irritação e aborrecimento *são* ira. Eles simplesmente ainda não floresceram totalmente. Portanto, não trace uma linha em sua mente entre a frustração e a ira. Frustração é ira, e ela inevitavelmente se torna a ira que carrega o nome se deixada sem controle. As pessoas tendem a fazer essa distinção porque é socialmente aceitável, na maioria das vezes, estar frustrado. É muito menos provável que você se safe de admitir que está com ira. É bom, no entanto, confessar, pelo menos para si mesmo, que sua frustração é realmente uma ira em fase adolescente. Então, você pode comprometer-se com o Senhor com seriedade antes que o dragão amadureça, abra suas asas e comece a cuspir fogo em seu mundo.

Examinando a ira

A primeira pergunta a ser feita é *Por que estou irado?* Embora isso tenha a intenção de ajudá-lo a *começar* a lidar com sua ira, temos sido encorajados a entender que o simples exame da fonte da ira de uma pessoa dizendo "Eu estou irado porque..." já é capaz de diminuir a fúria. Muitas vezes, quando percebemos a fonte mesquinha da nossa ira, o fogo do julgamento dentro de nós começa a engasgar e morrer. Eu (Alasdair) me lembro de um homem, em particular, que se encontrava comigo para fazer aconselhamento por ter recebido ordem judicial para tratar sua ira, que disse que era uma mudança de vida simplesmente dizer: "Estou furioso porque aquela tampa de café não serviu e queimei a minha mão".

Que erro eu estou percebendo? é outra forma de fazer a mesma pergunta. Questionar desse modo ajuda a colocar em palavras o sentimento de injustiça que você sente. Como em toda emoção, sua ira se conecta com algo que lhe interessa (pelo menos nesse momento). Se você tem tido dificuldade em colocar em palavras a injustiça que você sente, olhe para o que quer que você esteja atacando (ou querendo atacar). Aquilo em que você quer descontar, ou é a coisa com a qual você está com raiva ou está muito próximo a ela (e.g., quando você esmurra um muro, não é com o muro que você está irado, mas você provavelmente o faz dentro de trinta segundos de uma interação que despertou sua fúria).

Outra pergunta útil é esta: *Qual é o resultado da minha ira?* Será que o meu mundo ou o mundo das pessoas com as quais me importo tem ficado melhor como resultado de eu estar irado, ou minha ira está machucando a mim e os outros?

Ao examinar sua ira, é importante ter em mente que ela muitas vezes se esconde. Padrões de escape — álcool e drogas, é claro, mas qualquer método serve — podem cobrir uma fúria latente. Mesmo a simples simpatia pode mascarar a ira;

242 | ORGANIZE *suas* EMOÇÕES

aqueles muito tímidos para soltar o fogo que há dentro deles podem estar acendendo as chamas todas as vezes que sorriem e fingem estar bem. Muitos não sabem que eles estão irados até explodirem. Isso não significa que toda pessoa simpática — ou todo viciado, inclusive — tenha um enorme problema com a ira. Significa, sim, que a ausência de sinais óbvios não significa a ausência de ira. Em resumo, seu trabalho ao examinar sua ira é descobrir que tipo de julgamento você está passando. Uma vez que você sabe com o que está irado e por quê, você pode, então, começar a discernir quão válida é a sua ira e começar a pensar de forma redentiva sobre como lidar com ela.

Avaliando a ira

Se a ira se resume ao juízo moral (sim, ela se resume), então o primeiro assunto chave sobre o qual avaliá-la é este: seu juízo moral é válido nessa situação? Ou, dito de outra forma, você está chateado com o que Deus está chateado? Se sim, você ainda enfrenta um desafio: como você buscará a justiça redentora e evitará a tentação de exigir uma vingança destrutiva?

Vale a pena parar aqui por um momento para apontar que a maioria da ira *má* realmente se enquadra nessa última categoria; a maior parte da vingança destrutiva visa alguma injustiça real (embora geralmente exagerada)! Você está em um perigo maior quando está *certo*, pois estar certo sobre o pecado de outra pessoa o cega facilmente para o seu próprio pecado. Nada torna mais difícil tirar a trave do seu próprio olho do que poder dizer: "Mas ela não deveria ter feito isso; foi errado!".

Isso significa que você deve ser excessivamente cuidadoso para não se precipitar ao avaliar algo como errado e partir automaticamente para desembainhar sua espada. Ao contrário, quando sua ira de fato tem uma semente saudável, você deve avaliar se as respostas que sua ira está incitando também são saudáveis. Você precisa sondar seu próprio coração para ver se há mesquinharia, vingança, justiça própria e coisas do tipo, que desejam se alojar por baixo da sua avaliação de que a outra pessoa está errada.

Em resumo, avalie *todas* as facetas da sua ira. Não pare de cavar só porque você tirou da terra uma injustiça genuína. Assim como um osso fossilizado provavelmente indica que o restante de um esqueleto está perto, espere encontrar coisas ruins em seu próprio coração quando a sua busca mostrar o mal feito a outros.

Outras vezes, porém, sua ira não fluirá de um julgamento moral até mesmo parcialmente válido. Como pecadores, todos nós odiamos coisas que Deus não odeia. Nosso egoísmo, autopiedade e arrogância, todos naturalmente têm como alvo amigos e bênçãos em vez de inimigos e maldições. Embora esse seja o tipo mais simples de ira à qual podemos reagir (o arrependimento é sempre o próximo passo), é dolorosamente difícil admitir para si mesmo que sua ira é simplesmente errada. E, mesmo quando admite isso, você agora está indo contra um amor significativamente desordenado dentro do seu coração, e isso significa que abrir mão da sua ira será realmente um processo difícil. Falaremos mais sobre responder à ira pecaminosa na próxima seção.

244 | ORGANIZE *suas* EMOÇÕES

Então, no topo das vezes em que sua ira vem descaradamente de motivos pecaminosos, também encaramos o desafio de comunicação entre os seres humanos limitados em um mundo confuso e complexo. Como resultado, nossa ira frequentemente se eleva contra coisas que entendemos mal. Brincadeiras amigáveis são levadas a sério: "Eu pensei que você quisesse dizer semana que vem, mas na verdade você disse esta semana. Sua ideia do quanto é necessário para dizer 'nós conversamos sobre isso' é diferente da minha". Avaliar sua ira pode poupá-lo de muita tristeza se você tirar um tempo para fazer a si mesmo perguntas como *Será que eu tenho certeza do que ele disse?* Ou *Isso combina com a forma como essa pessoa tende a tratar a mim e os outros no geral?* Se você tiver qualquer dúvida, desacelere e indague-se na esperança de ter entendido mal, lutando para manter sua ira ao largo até que você tenha certeza!

A ira justa — aquela que se alinha com a de Deus — é mais comum quando o objeto da ira é outra pessoa, não você mesmo. Jesus, por exemplo, está sentindo agonia, mas não está irado quando é pregado na cruz. Ele, porém, se indigna no templo quando vira as mesas dos cambistas que estão explorando seus irmãos e irmãs ("covil de salteadores", ele os chama — Mt 21.13) e insultando seu Pai celestial ("não façais da casa de meu Pai casa de negócio" — Jo 2.16).

Isso não significa que a ira contra o pecado cometido contra mim seja errado! A ira de Deus, tanto no Antigo quanto no Novo Testamento, é despertada quando seu povo o trai. Os exemplos na Escritura, no entanto, pesam muito mais em direção à ira justa que foca nas injustiças que *outras* pessoas enfrentam.

Finalmente, então, a Escritura vê tanto a ira boa quanto a ira má. No entanto, a ênfase da Bíblia com relação a ira humana está nos seus perigos e na facilidade com que ela nos leva a aumentar a carnificina ao invés de pender para o trabalho construtivo da justiça e da restauração. Tiago 1.20 resume bem o perigo, dizendo que "a ira do homem não produz a justiça de Deus". Cada um de nós sabe isso por experiência própria. A ira pode ser boa e construtiva? Efésios 4.26 mostra de forma clara que sim. Porém, o resultado normal da ira humana é destruição e caos, razão pela qual Tiago nos adverte tão veementemente contra essa emoção que tão facilmente solta a língua (e pior), e nos adverte sobre o motivo de precisarmos avaliar rigorosamente a nós mesmos.

Agindo em resposta à ira

Como regra geral, a ira é perigosa. Aqui está a regra de ouro um pouco mais detalhada: a ira sobre a qual você age instintivamente, sem pensar, é tão provável que seja pecaminosa e ímpia que você poderia muito bem dizer "sempre". Se você quer viver a ira justa, você precisa começar desacelerando.

Diremos mais uma vez: quando você estiver irado, desacelere.

Você quase nunca vai errar fazendo uma pausa antes de agir quando estiver irado. A ira em sua matéria-prima, como o urânio radioativo, é mortal a menos que seja aproveitada com cautela requintada. Se você a trouxer para fora sem preparação cuidadosa, vai envenenar cada coisa dentro de um raio de dez milhas. Se voltarmos novamente ao primeiro capítulo de

246 | ORGANIZE *suas* EMOÇÕES

Tiago, o encontramos frisando exatamente isso logo ao lado do versículo que fala sobre a ira do homem não o levar a nenhum lugar bom. "Todo homem, pois, seja pronto para ouvir, tardio para falar, tardio para se irar", ele insiste (Tg 1.19). Ou, como disse o pastor e autor Zack Eswine, precisamos "esperar [nossos] pensamentos e emoções acelerados até que [nós] possamos escolher o bem, mesmo para um inimigo".[3]

Felizmente, há muitas maneiras de desacelerar. Conte até dez em sua cabeça antes de responder. Respire fundo. Fale sobre o assunto mais tarde, depois de ter esfriado a cabeça. Em suma, desacelerar significa tirar um tempo para pensar antes de agir sob ira.

Outra resposta realmente básica e ainda assim surpreendentemente útil à ira é simplesmente reconhecer que você está irado. Eu (Alasdair) fiquei orgulhoso de minha filha de seis anos de idade essa semana, que, em meio a diversos desapontamentos simultâneos, não seguiu seu padrão normal de gritar e chutar o assento do meio de nossa van, mas, em vez disso, disse calmamente: "Papai, eu estou tão brava que eu poderia rasgar esse carro". Dar nome à ira em vez de espalhá-la a todos a sua volta é um grande passo de maturidade e tende a ajudar a responder *à sua ira* ao invés de responder *em ira*.

Fazer isso bem é realmente difícil, mas muito importante. A ira já é suficientemente perigosa quando compartilhada, processada e levada corretamente ao Senhor. Ela é letal em isolamento. Isso não significa que você deva ir até a pessoa com

---

3 Zack Eswine, *O pastor imperfeito: Descobrindo a alegria em nossas limitações através do aprendizado diário com Jesus* (São José dos Campos, SP: Editora Fiel, 2018).

quem está irado e dizer: "É por isso que estou tão furioso com você". Significa, porém, que se você enxergar ira em seu coração, você desejará trazer outra pessoa para dentro. Todos nós precisamos de ajuda para levar nossa ira até o Senhor e pensar em respostas construtivas às ações erradas, em vez de ficarmos zombando ou fofocando sobre o que os outros fizeram.

Não se engane: a ação — mesmo que cuidadosamente controlada e construtiva — é o objetivo correto e bom da ira! Retidão *não* significa não fazer nada. Uma vez que você levou seu próprio coração ao Senhor e aos seus irmãos e irmãs da melhor forma possível, você é chamado a agir com ousadia redentiva e misericordiosa. Com a trave removida de seu olho — ou pelo menos cortada em pedaços —, você terá a chance de ajudar a pessoa próxima a você com o feio cisco no olho. Lembre-se: a ira de Deus é mais feroz do que a sua ou do que a minha jamais poderiam ser, e, no entanto, olhe o que ele faz com ela. Ele disciplina seu povo *a fim de nos trazer de volta*. Ele repreende *a fim de convencer nosso coração e nos voltar ao arrependimento*. No fim das contas, nosso Deus derramou sua ira sobre Cristo, liberando uma única vez sua fúria sem reprimi-la, *para que aqueles com quem ele está irado pudessem ser restaurados*. O amor verdadeiro ataca o mal com vigor, e ainda assim o ataque é sempre uma missão de resgate. Nosso Deus nunca é amargo, mesquinho ou cruel. Ao contrário, a ira dele é sempre parte de um propósito maior: proteger e defender aqueles que ele ama (e cada pecador que implora por seu perdão torna-se um tesouro do seu coração) para o louvor da sua glória.

248 | ORGANIZE *suas* EMOÇÕES

O ANTÍDOTO PARA A IRA

Em última análise, a melhor coisa que você pode fazer em relação à ira em sua vida é cultivar a humildade. A humildade fortalece a ira saudável que trata os outros como mais importante do que a si mesmo. Ela protege os outros ao mesmo tempo em que expõe e diminui a ira não saudável que entroniza você como juiz a partir de uma base moral elevada que só você percebe.

Quais são as marcas da humildade diante da ira? A humildade fala honestamente sobre o que ela sabe e sobre o que ela não sabe. Você ouvirá com frequência a humildade dizer coisas como "Parece-me que..." e "Minha preocupação é...", em vez de "Você sempre..." ou "Não posso acreditar que você faria isso". Ela faz perguntas reais e escuta as respostas, enquanto a ira egoísta se apodera do microfone e dos protestos. A humildade supõe que outros podem ter boas razões para fazerem as coisas que têm nos incomodado. Mesmo quando a culpa está inteiramente do outro lado, a humildade reconhece a trave no próprio olho e estende graça aos infratores (o que não significa apagar todas as consequências), porque sabe que Jesus nos mostrou uma graça além de toda comparação.

PERGUNTAS PARA REFLEXÃO

Ao encarar sua própria ira:

1. Em que áreas você fica frustrado, irritado ou aborrecido? Incomoda você o fato de pensar nessas reações como exemplos de sua ira?

2. Qual é a sua reação padrão ao sentir ira? Você evita a situação? Apazigua os outros? Esquematiza vingança, mas sorri enquanto isso? Grita e faz uma cena? Entorpece-se?
3. Quando você se sentiu irado recentemente? Você trouxe isso a Deus e aos outros? Como seria agir de forma construtiva em relação à sua ira? Você o fará?

Ao ajudar outros com ira:
1. Gálatas 6.1-2 aponta que tentar ajudar os outros quando são pegos em pecado também é uma tentação para você pecar. Qual é sua tentação mais comum quando você se envolve com pessoas iradas? Irar-se também? Retrair-se? Comprar o modo delas de pensar?
2. Você fica irado de maneiras certas em favor dos outros? Em caso afirmativo, você tende a agir de forma construtiva quando o faz?

15
Lidando com o luto

A maioria de nós já perdeu alguém ou algo importante para nós. Se você sofreu uma perda, então está familiarizado com o luto. Quanto maior a perda, maior a dor e mais profunda a tristeza. Se você já experimentou o fim de um relacionamento íntimo ou a morte de um ente querido, então sabe que a tristeza pode ser tão profunda que é difícil de descrever.

Você provavelmente também já percebeu que há mais no luto do que a tristeza. É claro que ela muitas vezes desempenha um papel protagonista, mas o luto envolve mais do que tristeza ou qualquer outra emoção em particular. Quando você está de luto, pode sentir muitos sentimentos diferentes, alguns dos quais podem surpreendê-lo, como a ansiedade, a ira ou mesmo o alívio. C. S. Lewis ficou surpreso com o que

252 | ORGANIZE *suas* EMOÇÕES

ele chamou de "a preguiça do luto" após a morte de sua esposa. Ele escreveu: "Eu odeio o menor esforço".[1]

O luto é uma experiência complexa com a qual precisamos lidar cuidadosamente.

O QUE É O LUTO?

O que o luto comunica?

Comecemos pensando no luto de forma ampla como a experiência da perda. *Luto* é a pàlavra de ordem sobre a vasta mistura de coisas que você sente quando perde algo ou alguém importante. O luto comunica: "Perdi algo importante para mim e preciso de você". (A parte "preciso de você" é a pessoa ou coisa que você perdeu e as outras de cuja ajuda você precisa para se recuperar. Exploraremos mais sobre isso dentro de instantes).

Pense na palavra *luto* como uma espécie de moldura que se enquadra em torno de todas as diferentes coisas que você pode sentir quando vivencia a perda. Por exemplo, você provavelmente já ouviu falar dos diferentes "estágios" de luto, baseados na conhecida teoria de luto de Elisabeth Kübler-Ross: negação, ira, barganha, depressão e aceitação.[2] No entanto, tente não

---

1 C. S. Lewis, *A anatomia de um luto* (Rio de Janeiro: Thomas Nelson Brasil, 2021). Lewis continua: "Apenas como um homem exausto quer um cobertor extra em uma noite fria; ele iria preferir ficar deitado ali tremendo a levantar-se e encontrar um. É fácil ver por que a pessoa solitária fica desarrumada; finalmente suja e nojenta".

2 Elisabeth Kübler-Ross, *On Death and Dying: What the Dying Have to Teach Doctors, Nurses, Clergy and Their Own Families* (New York: Scribner, 1969, 2014); Elisabeth KüblerRoss and David Kessler, *On Grief and Grieving: Finding the Meaning of Grief through the Five Stages of Loss* (New York: Scribner, 2014).

pensar no luto como uma série de passos fixos. Em vez disso, pense nessas cinco emoções e nas muitas outras que você está vivenciando como as pinturas emolduradas em uma colagem e intituladas "Luto".

O luto por qualquer coisa boa, incluindo qualquer bom relacionamento, nos aponta para Deus. A dor machuca profundamente porque estamos muito conscientes de quão bom foi o presente que Deus nos deu naquele amigo íntimo, na capacidade física de fazer uma caminhada, na chance de viver perto da família ou no souvenir que seu pai trouxe do exterior e lhe deu quando você tinha dez anos de idade. A angústia que sentimos quando perdemos coisas que amamos declara implicitamente a bondade de Deus em tê-las dado. Nossa tristeza, então, pode se tornar o grito "Maranata! Vem, Senhor Jesus, e torne inteiro este mundo quebrado!".

Como o luto se relaciona

Entender o luto como a experiência da perda pode nos ajudar a entender como Deus pretende que ele funcione em nossos relacionamentos, especialmente se tivermos perdido um ente querido. Embora a obra de Deus em meio à nossa dor muitas vezes inclua momentos nos quais precisamos processar nossa dor sozinhos, nós, em geral, buscamos a presença e o conforto dos outros. Quando nossas perdas nos lembram da conexão única com a pessoa ou a coisa que amamos, podemos nos sentir isolados e sozinhos. Como resultado, ansiamos, com razão, pela simples presença de outros que representam o relacionamento e o amor que *não* foi perdido, e a

254 | ORGANIZE *suas* EMOÇÕES

esperança de recuperação. Podemos experimentar um anseio emocional pelos outros de uma forma que normalmente não experimentamos. E ainda assim, as diversas experiências de luto podem tornar a conexão com os outros mais difícil do que podemos esperar. A compreensão da diversidade do luto pode nos ajudar a dar ao outro permissão para vivenciar e processar o luto de forma diferente.

Eu (Alasdair) me lembro de um dos primeiros homens que aconselhei, que tinha perdido seu pai para o câncer pouco depois que meu próprio pai tinha morrido da mesma doença. Nós tínhamos a mesma idade, tivemos uma educação semelhante, éramos ambos irmãos mais velhos e ambos tínhamos a fé em Cristo no centro de nossa vida. No entanto, eu rapidamente percebi que as lutas dele eram completamente diferentes das minhas. Estou muito grato por ter aprendido, logo no início da prática de aconselhamento, que duas pessoas sofrendo ao mesmo tempo com o mesmo evento podem fazê-lo de maneiras muito distintas. Aqui estão mais dois exemplos.

Pais em luto por um filho. Certa vez, eu (Alasdair) aconselhei um casal cujo filho adulto mais novo morrera em um acidente. O casal tinha um casamento feliz e ambos se amavam muito, mas eles estavam tendo dificuldade por sentirem-se fora de sintonia com o luto um do outro.

Em certo momento, um dos pais estava irado: "Eu não acredito que ele fez isso conosco. Por que ele não foi mais cuidadoso?!" Mas o outro progenitor ficou surpreso com essa reação e respondeu: "Por que você está tão irado com ele? Eu daria tudo apenas para sentir o cheiro do cabelo dele mais uma

Lidando com o luto | 255

vez!" Ambos amavam o filho tão profundamente e estavam em agonia, mas cada um estava experimentando o luto de uma forma distinta naquele momento. Conforme continuamos o aconselhamento, os papéis as vezes eram trocados: o progenitor irado estava triste e o progenitor triste estava irado. E, ainda, em outros momentos um dos pais estava tendo um momento de alívio enquanto o outro estava em desespero. Para dar-lhes crédito, eles aprenderam a enxergar o luto do outro, não importa quão diferente fosse, como um luto válido e até complementar ao seu próprio.

Uma igreja de luto por um pastor. Na igreja onde eu (Winston) sirvo como pastor, o pastor anterior morreu de forma muito trágica e inesperada apenas três meses antes da minha chegada. Como o pastor de qualquer igreja, ele tinha diferentes tipos de relacionamento com diferentes membros. Alguns eram muito próximos a ele. Uma pessoa me disse que não tinha perdido apenas seu pastor, mas também seu melhor amigo. Outra, querendo certificar-se de que meus sentimentos não fossem feridos, me explicou: "*Às vezes* eu tenho que sair do culto aos domingos porque é muito doloroso vê-lo lá em cima fazendo as coisas que ele deveria estar fazendo". Entendi totalmente e não fiquei ofendido. Para muitos, minha presença foi uma lembrança dolorosa de que algo muito errado havia acontecido. Não era pessoal; era apenas luto.

Outros haviam perdido um mentor espiritual — alguém em quem confiaram para ensinar a verdade, dispensar sabedoria, batizar seus filhos e visitá-los quando estavam doentes. A dor deles também era profunda, mas de outra forma. Eles

256 | ORGANIZE *suas* EMOÇÕES

ficaram chocados e tristes, mas a dor deles foi moderada pelo fato de que um novo líder espiritual havia chegado. Minha presença não foi tão dolorosa para eles, apesar de terem perdido um amigo querido.

Outros, ainda, ficaram tristes por terem perdido seu pastor, mas não tinham um relacionamento tão íntimo com ele como as pessoas dos dois primeiros grupos. Eles eram gratos pelo pastor que perderam e sentiam falta dele, mas depois de vários meses estavam prontos para colocar a dor para trás e não sentiam mais a necessidade de processá-la publicamente.

Alguns meses após a minha chegada, ofereci uma aula eletiva para adultos sobre o luto. Os participantes eram principalmente o primeiro grupo, aqueles mais intimamente ligados ao falecido pastor, e alguns poucos do segundo grupo. Eles, compreensivelmente, sentiram a necessidade de se reunirem e compartilharem juntos o luto. Para eles, o luto seria uma longa jornada, e eles precisavam uns dos outros nessa jornada. Outros não estavam de luto nesse nível e não precisavam desse tipo de apoio. Tive o cuidado de explicar à congregação que a aula era para as pessoas que sentiam que precisavam dela e que o comparecimento não era uma medida que indicava se eles se importavam ou não ou se estavam de luto. Nenhum grupo era mais santo ou justo do que qualquer outro. Cada grupo tinha uma relação diferente com aquele pastor e precisava de um tipo diferente de apoio.

É bem básico, mas é uma fundação crucial relacionar-se em meio a dor da perda: o luto pode ser sentido de muitas maneiras. Entender e aceitar isso é vital para nos ajudar a nos mover em direção um ao outro durante os períodos de luto.

Como o luto motiva

Se pensarmos no luto como a experiência da perda, então podemos começar a entender como ele nos motiva a buscar conforto na conexão com outros e em seu cuidado. Debaixo das variadas experiências emocionais do luto está um sinal para Deus e para os outros que diz: "Eu estou ferido e preciso de você". E ainda assim, às vezes, podemos tentar esconder o fato de que estamos de luto por constrangimento ou por não querermos sobrecarregar os outros. Talvez sintamos que estamos de luto há muito tempo ou tenhamos medo de que os outros estejam se cansando do nosso luto. Mas quando fazemos isso, somos impedidos de receber os cuidados dos quais legitimamente necessitamos e corremos o risco de ter nossas emoções malcompreendidas. Se você estiver se sentindo assim, tente notar que a maioria das pessoas reage intuitivamente ao luto com cuidado. Ele é como uma ferida, e nosso instinto de compaixão e cuidado é um reflexo básico do amor. Da mesma forma que fazemos um favor para alguém com uma lesão física, trazendo comida ou cuidando de outras tarefas que a pessoa é incapaz de realizar, podemos também precisar fazer um trabalho relacional e emocional em favor de quem está de luto.

Imagine, por exemplo, que você encontra um amigo que está muito bravo e, esperando ser útil, você pergunta: "O que está lhe incomodando? Por que você está tão *irado?*" Se, em resposta, seu amigo estourar — "Não se intrometa!" — você mesmo pode

258 | ORGANIZE *suas* EMOÇÕES

se sentir defensivo ou irado. Agora, se, ao invés disso, seu amigo disser: "Minha irmã acabou de morrer", você provavelmente amolece imediatamente e responde: "Oh, isso é terrível. Eu compreendo... Lamento muito". Quando percebe que alguém está de luto, você assume uma postura emocional diferente e responde com cuidado e preocupação. Sem sequer pensar sobre isso, você está operando dentro de uma estrutura de luto.

Imagine que você encontra um colaborador ou um colega de trabalho que está excepcionalmente distraído e retraído, e você pergunta: "Está tudo bem? Você parece distraído e distante hoje". Se a pessoa responder: "Não estou indo bem. Minha mãe morreu ontem", você não diz: "Bem, nós temos um trabalho a fazer, então saia daí e concentre-se!" Isso seria monstruoso. Em vez disso, você provavelmente diz algo como: "Oh, não! Sinto muito em ouvir isso. Por que você não tira o resto do dia de folga e vai para casa? Tenho certeza de que todos entenderão".

Se os enlutados nesses exemplos não compartilhassem que estavam de luto, ou se você não percebesse que a ira ou a distração são experiências normais desse sentimento, você poderia não saber como responder. Aprender a falar do nosso luto pode ajudar os outros a responderem a ele com compaixão e cuidado, em vez de com confusão e frustração.

COMO DEVEMOS LIDAR COM O LUTO?

Toda perda é uma conexão quebrada. Se você pensar em sua vida como uma teia significativa de pessoas, coisas e eventos conectados, então o luto é o que você experimenta quando um desses fios é arrancado da teia. Ele não deixa apenas um buraco onde antes estava; os fios que o ligavam a outras coisas são deixados pendurados, e as coisas que eram apoiadas por ela também são enfraquecidas. Quer você tenha perdido um emprego, sua saúde, seu status, um amigo ou um familiar, você se desamarrou de algo que o ancorou e deu sentido a sua vida cotidiana. Lidar com o luto significará reconectar-se de uma nova maneira a tudo o que a perda toca. Você terá que reconsiderar e se familiarizar novamente com todas as coisas que você associou ao que foi perdido, identificando, examinando e avaliando a perda de uma maneira que conecte você a Deus e aos outros.

Identificando o luto

Essa é uma analogia simplista para o luto, mas ainda achamos que soa verdadeiro: Você se lembra, quando criança, como durante um ou dois dias, depois de perder um dente, você continuava enfiando sua língua no buraco onde o dente ficava? Você simplesmente não conseguia evitar. Havia esse estranho fascínio pelo buraco onde o dente costumava estar. Mas, eventualmente, você não ficou mais fascinado por isso. Você havia explorado o buraco, aceitado a nova situação e seguido em frente. É claro que não há nada de realmente trágico em perder um dente na maioria dos casos, e as perdas significativas da nossa vida são mais complicadas. Mas, de uma forma básica, é assim que nós lidamos com luto. Identificamos e começamos a absorver a perda explorando e nomeando os contornos do que estava lá, pressionando emocionalmente os sulcos e buracos deixados para trás e compartilhando a experiência com outros que nos amam.

Durante o último ano, minha igreja (de Winston) iniciou um grupo de apoio de cerca de dez a doze pessoas, liderado por um membro com experiência em ajudar grupos. Alguns estavam de luto pela perda do cônjuge, de amigos ou de familiares, e outros estavam lá para entender como apoiar os enlutados. É claro que parte do nosso tempo foi gasto em oração e pensando no que a Bíblia tem a dizer sobre o luto e a perda, mas grande parte do nosso tempo foi gasto identificando e nomeando as perdas, falando e contando histórias sobre aqueles de quem sentíamos falta: "Diga-nos quem era essa pessoa e o que ela significava para você. Quais foram as alegrias do relacionamento? Do que você mais sente falta?".

Os membros do grupo trouxeram fotografias e lembranças para nos ajudar a nos conectar e a nos importar com eles. Até escrevemos cartas para aqueles que tínhamos perdido e as lemos para o grupo. Foi uma experiência poderosa e muito curativa. Foi um luxo para mim poder participar mais como um membro do grupo do que como um líder. Compartilhei sobre a recente morte de meus próprios pais e todas as maneiras pelas quais eu ainda lutava com aquilo. Nós até nos reunimos como grupo para assistir juntos a um jogo de futebol em minha casa. Parecia natural conectar-me com aqueles que tinham compartilhado de si de uma forma tão íntima e curativa.

A reconexão e a cura acontecem quando somos capazes de identificar a perda e compartilhá-la com as pessoas que se preocupam com ela. Como estamos praticando a possibilidade de uma nova vida e uma reconexão após a perda, cada pessoa encontra sua maneira única de revisitar a ferida a fim de facilitar a cura.

Examinando o luto

Para ter uma ideia do seu luto, é sempre útil examiná-lo através das lentes da Escritura. Pelo fato de a Palavra de Deus ser sobre a vida real, a Bíblia conta a história do luto. Do começo ao fim, testemunhamos perdas terríveis, o luto e o gemido de Deus e de seu povo, e a esperança certa de que uma vida renovada se segue a essas perdas. Pule para onde quiser e você ouvirá a vasta gama de emoções descritas em prosa, proclamadas em poesia e recordadas em canções. Você também ouvirá Deus agindo e falando de maneiras que nos apontam para sua promessa de reverter a devastação da perda e da morte por meio de Jesus. Sempre encontramos Davi como um bom companheiro no luto.

Enquanto você caminha com Davi pelo luto dele, você pode ter uma noção das muitas variedades e expressões que o luto assume. Você deve se lembrar de que a vida de Davi tomou um rumo terrível quando ele cedeu à luxúria e essencialmente estuprou Bate-Seba, depois providenciou a morte de seu marido no campo de batalha. Os resultados foram desastrosos. O profeta Natã confrontou Davi, dizendo-lhe que a criança concebida com Bate-Seba morreria e que suas próprias esposas seriam tiradas dele mais tarde por alguém próximo a ele. Certamente, a criança morreu logo após seu nascimento. Anos mais

262 | ORGANIZE *suas* EMOÇÕES

tarde, aconteceu a segunda parte da profecia de Natã. Outro filho de Davi, Absalão, tentou roubar o seu trono e humilhar publicamente Davi, dormindo com suas concubinas em plena vista pública. Embora Davi tenha tentado poupar sua vida, Absalão foi morto durante a repressão da rebelião.

A experiência de Davi ilustra as muitas formas do luto.

O luto da culpa. Depois de ser confrontado por Natã, Davi foi atingido pela culpa por causa do seu pecado contra Deus. No Salmo 51, ele derrama seu luto diante de Deus e clama por perdão:

> Faze-me ouvir júbilo e alegria,
> para que exultem os ossos que esmagaste.
> Esconde o rosto dos meus pecados
> e apaga todas as minhas iniquidades. (vs. 8-9)

O luto pode ser uma ocasião para refletirmos sobre nossos próprios fracassos ou pecados. Talvez, como no caso de Davi, seja a culpa por coisas que fizemos — nossa responsabilidade por um casamento fracassado, um emprego perdido ou alguma outra tragédia. Talvez seja a culpa por oportunidades desperdiçadas, coisas que gostaríamos de ter dito ou feito, mas que nunca chegamos a fazer. Em qualquer caso, a Bíblia nos dá palavras para falar e compartilhar nossa culpa com Deus e com os outros.

O luto da morte. Davi também ficou de luto pela doença e pela morte impensável de seu filho. A Bíblia nos diz que ele suplicou a Deus. Ele jejuou e "passou a noite prostrado em terra". Não foi possível persuadi-lo a se levantar, e ele só comeu depois que a criança estava morta (2Sm 12.15-23). Esperamos ser atingidos pelo luto após a morte de um ente querido, mas, como foi o caso de Davi, às vezes podemos ver a morte chegando. Às vezes, os entes queridos sucumbem ao câncer ou a outra doença degenerativa, e experimentamos sua morte em agonizante câmara lenta. Mais tarde, após a morte de Absalão, Davi voltou a sofrer com o luto: "Meu filho Absalão, meu filho, meu filho Absalão! Quem me dera que eu morrera por ti, Absalão, meu filho, meu filho!" (2Sm 18.33). A morte provavelmente será uma das mais poderosas experiências de luto que você já terá. Espere precisar de muita ajuda e companheirismo para encontrar palavras para expressá-lo.

O luto da traição. Não sabemos exatamente o que incitou Davi a redigir o Salmo 55, mas ele combina com a agonia e o luto de uma traição pessoal. Portanto, é possível que Davi tenha escrito esse salmo enquanto lutava com a traição de Absalão.

> Estremece-me no peito o coração,
> > terrores de morte me salteiam;
> > temor e tremor me sobrevêm,
> > > e o horror se apodera de mim.
>
> Com efeito, não é inimigo que me afronta;
> > se o fosse, eu o suportaria;
> > nem é o que me odeia quem se exalta contra mim,
> > > pois dele eu me esconderia;

264 | ORGANIZE *suas* EMOÇÕES

Mas és tu, homem meu igual,

meu companheiro e meu íntimo amigo.

Juntos andávamos, juntos nos entretínhamos

e íamos com a multidão à Casa de Deus. (Sl 55.4-5; 12-14)

A traição vem em um milhão de formas: um cônjuge comete adultério, um parceiro de negócios desvia dinheiro, amigos íntimos lançam uma campanha de fofoca contra você. Seja qual for o tipo, a traição pode ser sentida como se o coração tivesse sido arrancado e pisado. Embora possa parecer que a sensação é demais para ser colocada em palavras, Deus falou o indizível e nos convida a usar suas palavras enquanto derramamos nossos corações.

O luto de qualquer tipo. O Salmo 31 é outro salmo de Davi. Não nos é dita a ocasião em que esse salmo foi escrito, mas ele nos lembra de que a experiência do luto é ampla e não está limitada a apenas um punhado de situações. Davi diz:

Compadece-te de mim, SENHOR, porque me sinto atribulado;

de tristeza os meus olhos se consomem,

e a minha alma e o meu corpo.

Gasta-se a minha vida na tristeza,

e os meus anos, em gemidos;

debilita-se a minha força, por causa da minha iniquidade,

e os meus ossos se consomem. (Sl 31.9-10)

O luto pode vir a nós em muitos formatos e formas, mas quando você o examinar, não se sinta pressionado a categorizá-lo. Algumas vezes, o luto pode simplesmente ser luto. Seja qual for a perda que você vivenciar, você achará a Bíblia cheia de palavras para ajudá-lo a examinar seu luto e a expressá-lo.

Avaliando o luto

Uma das marcas de ser cristão é a forma como respondemos ao luto. Em certo nível, nosso luto não é notável. Estamos tão sujeitos aos altos, baixos e toda a gama de respostas emocionais quanto todos os outros. No entanto, nosso luto é diferente. Paulo instrui os tessalonicenses a "não vos entristecerdes como os demais, que não têm esperança" (1Ts 4.13). Em Cristo, não importa o que tenhamos perdido, não importa quão severo seja o luto, temos esperança. Se você descobrir que durante dias a fio não há alívio, nenhum sinal de que as coisas vão melhorar, você pode estar de luto sem esperança e pode precisar de ajuda para se conectar com a esperança que tem em Cristo.

Em suma, nossa esperança é a seguinte: Jesus foi ressuscitado dos mortos e assim venceu a morte. Pense nas implicações disso para o seu luto. É mais do que a promessa de vida após a morte ou de sua própria ressurreição. Na verdade, isso significa que Jesus conquistou *todas as perdas* e acabará curando-as e restaurando-as. Pense na morte como a principal perda que representa todas as outras. Pense em cada perda menor como um lembrete diário de que *tudo* está caminhando para a dissolução, decadência e morte. A morte é o fim inevitável de tudo em um mundo caído; tudo perece, estraga e se desvanece (veja 1Pe 1.4) até que desapareça "e nem se sabe mais o lugar que ocupava" (Sl 103.16; NVI). Temos a tendência de evitar pensar em perda

266 | ORGANIZE *suas* EMOÇÕES

nesses termos, porque fazer isso parece deprimente. Mas, a menos que façamos a conexão, não apreciaremos o alcance da salvação de Jesus. Sim, a ressurreição de Jesus nos dá esperança para que não tenhamos que temer a nossa própria morte, mas estamos destinados a experimentar o poder de sua ressurreição no aqui e agora também.

No primeiro capítulo da carta de Paulo aos Efésios, ele diz que ora para que eles possam saber "qual a suprema grandeza do poder [de Deus] para com os que cremos", que é semelhante ao poder que operava em Cristo quando Deus o "[ressuscitou] dentre os mortos" (Ef 1.19-20). Paulo, então, diz que pela graça, "estando nós mortos em nossos delitos", Deus "nos deu vida juntamente com Cristo" (Ef 2.4-5). Em outras palavras, o poder de Deus que ressuscitou Jesus dentre os mortos opera em nós *agora*. O poder da ressurreição, o poder de vencer a morte e tudo o que ela representa, não é apenas para "mais tarde", mas para a vida no aqui e agora. É o poder de superar todas as perdas da vida em um mundo caído.

Sempre que experimentamos o luto, seja pela morte de alguém ou por uma perda menor, precisamos nos lembrar de que, se estamos unidos a Cristo, a perda nunca tem a palavra final, e por isso temos esperança. Nossas histórias foram unidas à história de Jesus, assim como ele venceu a morte e a perda, assim também nós venceremos. O luto ainda faz parte de nossas vidas, mas sempre temos esperança porque aquele que nos ama venceu a morte e a perda, e nos dá seu poder e amor mesmo em meio ao luto. Ele nos dá não apenas as palavras para falarmos e nos conectarmos, mas também o poder para fazê-lo e o amor e a reconexão que acontecem enquanto nós o fazemos.

Agindo em resposta ao luto

Não é errado querer que as pessoas enlutadas se sintam melhor. Esse é um sinal de que você as ama e deseja que elas não sofram tanta dor. É compreensível que o luto pareça um problema que precisa ser consertado, e é difícil não deixar que o desejo de proporcionar cuidados degenere em "conserto". Contudo, uma abordagem melhor é ver a ajuda não como "fazer com que isso melhore", mas como sendo a companhia de alguém na jornada por meio da dor em direção à cura.

Seja um companheiro, e não alguém que conserta as pessoas.

Fale sobre o isolamento e a vergonha que muitas vezes vêm com o luto. É importante lembrar que as pessoas que passam pela dor da perda, especialmente por causa de uma tragédia, não sabem necessariamente como "supostamente" devem se sentir. E você não quer dizer àqueles que estão enlutados que eles devem se sentir de uma maneira ou de outra. Cuide da pessoa enlutada lembrando-a de que está tudo bem ela se sentir de uma maneira um dia e de outra no dia seguinte, ou mesmo dez minutos depois. Você poderia dizer: "Você provavelmente está sentindo todo tipo de coisas que não estava esperando". E depois fique em silêncio e deixe-a responder a isso. Às vezes haverá raiva, às vezes, medo e outras vezes, *até alívio*.

Por exemplo, às vezes o luto significa que alguém perdeu um ente querido com Alzheimer que esteve acamado por meses e de quem a pessoa enlutada estava cuidando. Ela pode se sentir

268 | ORGANIZE *suas* EMOÇÕES

aliviada e ressentida no mesmo dia. Você pode ajudá-la a sentir seu luto dando-lhe permissão para sentir todo tipo de coisas e para senti-las em momentos diferentes. Pratique a sensibilidade diante do fato de que o luto diz respeito tanto a uma *conexão* perdida quanto a uma pessoa ou um objeto perdido. Poupe a pessoa enlutada do sofrimento adicional de sentir-se isolada e envergonhada em relação aos amigos bem-intencionados.

JESUS VENCE O LUTO

Lembre-se de que o luto, a experiência da perda, às vezes é mais do que tristeza e pode envolver quase qualquer emoção. Lidar com o luto de forma sábia exige que sejamos flexíveis e que criemos espaço para essas experiências variadas, especialmente quando pessoas diferentes estão sofrendo a mesma coisa ao mesmo tempo, mas de maneiras muito diferentes. Seja compassivo e paciente com os enlutados, ajude-os a se conectarem com Deus e com os outros, convidando-os a compartilharem o luto no tempo e do modo deles. E saiba que Deus "recebe" o nosso luto. Cada página da Escritura fala tanto da dor do luto como da esperança que temos em Cristo. Mas, acima de tudo, lembre-se de que Jesus superou cada perda e nos dá seu poder e amor para encontrarmos vida, mesmo depois das perdas mais terríveis.

PERGUNTAS PARA REFLEXÃO

Ao encarar seus próprios sentimentos de luto:

1. Nomeie e descreva tantas emoções diferentes quanto as que você já vivenciou em seu luto.

2. Leia qualquer um dos salmos explorados neste capítulo ou encontre outro que capture com precisão o sentimento do seu luto. Depois de lê-lo e de meditar nele, escreva-o em suas próprias palavras, como se fosse seu próprio. Compartilhe isso em oração com Deus e com um amigo ou conselheiro de confiança.

3. Pense nos momentos em que você sentiu esperança. Coloque sua esperança em palavras, se for possível, e compartilhe-as com um amigo. Considere sua esperança um presente de Deus e explore como ela reflete o amor dele por você em Cristo.

Ao ajudar outros em luto:

1. Pratique ouvir os outros falarem do luto deles e permita que o seu único foco esteja em compreender profundamente e responder emocionalmente à perda deles. Dê o seu melhor para entender como é essa experiência para *eles* e compartilhe com eles sua compreensão. Não tente consertar a situação! Deixe que seu cuidado paciente transmita o amor de Cristo.

2. Localize uma pessoa de luto em sua vida. Se a perda é de um ente querido, um emprego, saúde, um lar — alguém que você conhece está lá! Ore por essa pessoa e depois procure-a. Pergunte como você pode apoiá-la e faça isso.

3. Considere-se uma pessoa enlutada. Isso é algo garantido em algum âmbito de sua vida. Se você não se sente à vontade com o luto, tire um tempo para entender esse sentimento antes de tentar ajudar os outros.

16
Lidando com a culpa e a vergonha

Um rapaz acorda do lado de fora da casa. Sua fome o manteve acordado até tarde na noite anterior. Incapaz de comprar comida, ele não se alimenta há dias. A fruta que apodrece dada aos animais que ele foi contratado para alimentar parece estranhamente apetitosa.

Ele pensa o dia inteiro, todos os dias, em sua família. Ele sente falta da família — especialmente de seu pai —, mas ele não pode voltar. Ele os feriu demais. Ele é uma pessoa "tóxica", como disse seu irmão mais velho quando o rapaz saiu de casa. Como é que ele foi parar ali?

Na parábola do filho pródigo, Jesus explica que esse homem pediu a seu pai sua parte da herança, gastou todo o dinheiro em indulgências tolas e, em desespero, foi contratado

272 | ORGANIZE *suas* EMOÇÕES

como um auxiliar de fazenda em um país estrangeiro.[1] Duas coisas se destacam sobre a condição desse rapaz:

+ Ele é *culpado*. Ele fez algo de errado e digno de punição: desonrou seu pai e rompeu o relacionamento com ele. Ao exigir sua parte da herança antecipadamente, ele, com efeito, desejou a morte de seu pai.
+ Ele está *envergonhado*. Ele se sente mudado — tão imundo que não é capaz de imaginar um caminho de volta para casa, pelo menos não como filho. A única coisa que vence seu senso de vergonha é sua vontade de sobreviver. Ele espera que possa ser tolerado como um servo, mas tem certeza de que nunca mais será aceito como filho.

Que esperança pode haver para ele? Certamente seu pai nunca o aceitará de volta. Mas no desespero, ele decide voltar — encarar a vergonha e pedir para ser um servo de sua família. Mas quando seu pai o vê de uma longa distância, corre até ele e o beija antes que ele dissesse uma palavra. O pai está vulnerável e receptivo em relação ao filho, e até *dá uma festa* para celebrar seu retorno. *Por quê?* Embora apreciemos a história, achamos difícil crer que um pai realmente faria isso sem algum tipo de prova de que seu filho teimoso estava sendo sincero e de que o pai não seria enganado.

---

1 Lucas 15.11-32.

A culpa e a vergonha entram em cena. A culpa desperta o filho para o seu pecado. Ele sabe que o que fez foi errado. A vergonha lhe diz que não há como esconder o que fez, mas talvez o efeito mais danoso da vergonha seja ele se sentir tão imundo e diferente agora. A culpa deixa aberta a possibilidade de um caminho de volta, uma forma de consertar as coisas. A vergonha nem sempre é tão otimista. Mas o amor do pai promete que há *sempre* um caminho para o lar.

Antes de entendermos como o amor de Deus nos convida a lidarmos com a culpa e a vergonha, exploremos o que elas são.

O QUE SÃO CULPA E VERGONHA?

O que a culpa e a vergonha comunicam?

A culpa comunica: "Eu fiz algo errado". A vergonha comunica: "Algo está errado comigo e os outros podem ver isso".[2] A culpa e a vergonha podem ser duas dimensões de um mesmo evento: eu *fiz* algo errado *e* há *testemunhas*. Seja relativa ao mesmo evento ou não, a culpa sugere que eu pequei, enquanto a vergonha sugere que há algo em mim que, se visto por outros, seria inaceitável.

Assim como o medo, a ira e o luto, a culpa e a vergonha podem ser muito valiosas quando estão dizendo a verdade. Se eu pequei, tanto a culpa quanto a vergonha podem me ajudar a ver que eu pequei. Ser chamado de "sem vergonha" não é uma coisa boa. Além disso, se você foi maltratado e se pecaram contra você, a vergonha o alerta corretamente para a vergonha

---

2 Edward T. Welch, *Shame Interrupted: How God Lifts the Pain of Worthlessness and Rejection* (Greensboro, NC: New Growth, 2012), 11.

274 | ORGANIZE *suas* EMOÇÕES

das ações daquelas pessoas, assim como uma dor aguda em seu abdômen o alerta para um apêndice que está se rompendo. Quando a culpa e a vergonha identificam com precisão os problemas, os erros podem ser corrigidos e os relacionamentos podem ser restaurados.

Entretanto, a culpa e a vergonha podem ser incrivelmente prejudiciais se elas forem distorcidas. Quando a culpa é deformada, ela se torna autocondenação, argumentando que nenhum perdão é possível. Quando isso acontece com a vergonha, ela se torna autoaversão. Se a culpa e a vergonha se tornaram minha identidade, então eu não consigo imaginar remover a mancha que sinto sem remover a mim mesmo. Estou tão contaminado que estou fundamentalmente danificado e sou inferior a todas as demais pessoas. Tais experiências de culpa e vergonha são mais frequentemente o resultado não do que fizemos, mas do que fizeram contra nós.

Como a culpa e a vergonha se relacionam

Tanto a culpa quanto a vergonha têm o objetivo de nos alertar para uma ruptura em nossos relacionamentos. Ambas as emoções são fundamentalmente sobre nossas conexões com outras pessoas. Lembre-se do que dissemos anteriormente sobre como as emoções nos conectam com outras pessoas assim como as partes do corpo. Quando você sente dor em uma parte de seu corpo, ela lhe fala de um problema que precisa de atenção. Sem a dor, você pode continuar prejudicando seu corpo sem se dar conta. Da mesma forma, as emoções dolorosas como a culpa e a vergonha são, no seu melhor, destinadas a promover a cura e o crescimento. Quando recebemos um "sinal" via culpa e vergonha, sabemos que algo deu errado. É hora de examinar nossos relacionamentos.

A culpa comunica que falhamos em estar à altura de um objetivo — que não atingimos o alvo. Biblicamente, nossos objetivos são sempre *relacionais*. Jesus nos ensinou que toda a lei pode ser resumida em dois mandamentos: *amar a Deus e amar o próximo* (Mt 22.34-40; Mc 12.28-31). A culpa, refletida em uma consciência sadia, nos proporciona parapeitos para nos ajudar a saber quando estamos agindo contra Deus ou contra o próximo. Ela, por si só, não nos diz que somos fundamentalmente incapazes de amar; ela nos diz quando falhamos em fazê-lo. Nesse sentido, a culpa não nos rouba a esperança de que podemos fazer melhor; ela pode ter um papel positivo em nossa vida emocional.

Da mesma forma, a vergonha revela uma ruptura no relacionamento, mas se concentra mais em como os outros nos veem do que em como nós nos vemos. Infelizmente, a culpa e (em particular) a vergonha podem se tornar motivos de isolamento em vez de reconciliação. Quando optamos por esconder nossa culpa em vez de lidarmos com ela, a vergonha tende a aprofundar nossa sensação de que temos algo a esconder. Uma vez que começamos pelo caminho da ocultação, a culpa e a vergonha podem começar uma bola de neve, tornando cada vez mais difícil lidarmos de forma construtiva com essas emoções e trabalharmos em prol de relacionamentos restaurados.

276 | ORGANIZE *suas* EMOÇÕES

Como a culpa e a vergonha motivam

A culpa alerta uma consciência saudável para a má ação e nos leva ao arrependimento. O objetivo é nos motivar a nos reconciliarmos com Deus e com o próximo. Como foi observado anteriormente, mesmo a vergonha tem um papel *limitado*, porém importante, na reconciliação. Ela tipicamente vem à tona quando a culpa não conseguiu fazer o trabalho — digamos, quando nós nos entregamos ao nosso pecado e fomos pegos ou tememos ser pegos, talvez quando estamos mais empenhados em esconder o mal do que em repará-lo.

Por exemplo, se você traiu seu cônjuge, você *deveria* sentir-se culpado. Você quebrou seu voto conjugal, traiu seu amor e provavelmente também machucou outras pessoas: a pessoa com quem você traiu, o cônjuge daquela pessoa, seus filhos e assim por diante. Você falhou em amar a Deus e ao próximo.

Agora, imagine que você está tão cego pelo pecado que resiste à culpa destinada a afastá-lo desse pecado. E quando descoberto, você ainda não reconhece o quanto está errado. As consequências se seguem. Talvez lhe peçam para sair de casa. Amigos e vizinhos descobrem. Talvez seu pastor seja informado e você seja excluído da comunhão da igreja, ou lhe seja pedido que abandone as responsabilidades que você assumia na congregação. *Agora* você sente não só culpa, mas também vergonha. A comunidade o vê de maneira diferente. *Ambos*, culpa e vergonha, o convencem a pensar mais profundamente no que você fez, e você finalmente se arrepende.

Isso reflete a forma como Paulo espera que a culpa e a vergonha funcionem na igreja de Corinto. Ele exorta os coríntios a colocarem um homem não arrependido fora da comunidade: "entregue a Satanás para a destruição da carne, a fim de que o espírito seja salvo no Dia do Senhor [Jesus]" (1Co 5.5). Linguagem forte, mas a esperança e a oração são para a reconciliação. O propósito é suscitar uma séria reflexão e arrependimento na parte culpada. E funciona. Uma vez que o homem tenha se arrependido, Paulo exorta os coríntios a perdoarem-no e a restaurá-lo à comunidade (2Co 2.5-8). Às vezes, precisamos que a culpa *e* a vergonha nos mostrem o quão seriamente pecamos.

Também é crucial nos lembrarmos de que, como já mencionado antes, a culpa pode ser distorcida e podemos sentir vergonha não pelo que fizemos, mas pelo que outros fizeram a nós. Nesses casos, a culpa e a vergonha podem nos alertar sobre nossa necessidade de enfrentar aqueles que transferiram a culpa para nós ou feriram nossa consciência. Ou quando fomos envergonhados por outros, a vergonha pode nos dizer que fomos injustiçados e nos incitar a buscar a ajuda e a segurança daqueles que podem nos proteger e falar amorosamente à nossa vergonha.

COMO DEVEMOS LIDAR
COM A CULPA E A VERGONHA?

Identificando a culpa e a vergonha

Assim como ocorre com muitas emoções negativas, às vezes podemos esconder a culpa e a vergonha de nós mesmos. É mais fácil não enfrentá-las, então fingimos que elas não existem. As boas vozes da culpa e da vergonha — *eu não deveria ter feito isso, e isso tem consequências* — podem

278 | ORGANIZE *suas* EMOÇÕES

facilmente se tornar pensamentos como *Eu me odeio e quero ficar invisível*. Às vezes é difícil ouvir as boas intenções da culpa e da vergonha, por isso tentamos calá-las, entorpecendo nossas consciências com negação e escapismo. Evitamos as pessoas que normalmente nos agradam e nos entregamos a atividades que produzem sentimentos agradáveis. Esse caminho, porém, é uma mentira. Simplesmente suprimir as vozes nessas emoções é o caminho para a morte.

Às vezes, a culpa e a vergonha se escondem sob o disfarce de ira e de transferência de culpa. Vemos isso desde o início da Escritura. Em Gênesis 3, Adão e Eva escolhem se esconder depois de pecarem contra Deus, comendo o fruto proibido. Quando o Senhor os chama, Adão aponta para Eva e exclama: "A mulher que me deste por esposa, ela me deu da árvore, e eu comi" (Gn 3.12). Parece que um dos reflexos básicos do pecado é desviar a culpa e a vergonha para o outro.

Se não estamos acostumados a identificar culpa e vergonha, elas podem se esconder sob muitas distrações e outras respostas emocionais, mas sempre que você se vir se afastando dos outros e encobrindo o que está acontecendo dentro de você, vale a pena se perguntar se você fez algo errado ou se teme que os outros o vejam dessa maneira.

Examinando a culpa e a vergonha

A culpa tem tanto realidades objetivas quanto subjetivas. Em outras palavras, você pode *ser* culpado, mas não se *sentir* culpado. Por outro lado, você pode se *sentir* culpado, mas não *ser* verdadeiramente culpado. É importante distinguir entre a

Lidando com a culpa e a vergonha | 279

culpa que sentimos por realmente termos feito algo errado e a culpa que podemos sentir por outras razões. Às vezes, a diferença é descrita como *culpa verdadeira versus culpa falsa*. Culpa verdadeira é uma falha moral objetiva: realmente fizemos algo errado; violamos a lei de Deus. A falsa culpa é o resultado de uma falha moral *percebida* que está enraizada em algo diferente ou além da lei de Deus, sejam as normas culturais, os valores de uma família ou simplesmente as expectativas dos outros em relação a nós. Culpa verdadeira e falsa têm a mesma sensação, mas estão enraizadas em critérios diferentes.

Por exemplo, uma criança cujos pais estão divorciados pode se *sentir* culpada porque sua mãe fica triste quando ela sai para visitar seu pai nos fins de semana. A criança se *sente* responsável pela tristeza de sua mãe — mas não é. Ou considere a culpa que vem de "agradar pessoas", em que nosso instinto dado por Deus para ajudar os outros é distorcido em culpa que nos atormenta toda vez que alguém fica desapontado ou chateado conosco. A falsa culpa acontece quando violamos uma lei que não é de Deus. Isso pode ser complicado de lidar pois, quando os códigos culturais e relacionais não refletem os valores de Deus, eles podem *precisar* ser quebrados, embora outros peçam para nos sentirmos culpados por termos feito aquilo. Por exemplo, você pode receber um grande rechaço por recusar-se — por amor — a resgatar das consequências legais um membro da família que abusa de substâncias entorpecentes.

Quando se trata de vergonha, é mais útil pensar nas diferenças entre *vergonha* e *ser envergonhado*. A vergonha é uma resposta apropriada às consequências do pecado, embora

280 | ORGANIZE *suas* EMOÇÕES

possa ser distorcida e exagerada, mas *ser envergonhado* é quando pessoas pecam contra nós e nos sentimos imundos. Por exemplo, dar um nome e expor parceiros abusivos na própria família pode fazer com que o denunciante se sinta envergonhado, mesmo que não tenha feito nada de errado. Muitas vezes, as crianças que foram abusadas direcionam a si mesmas ira porque aprendem que não é seguro criticar externamente o agressor na família. Isso produz também um sentimento destrutivo de vergonha, um compreensível, mas imerecido, senso de maldade. Isso também é ser envergonhado.

Mas Deus nos busca. E quando nos apresentamos, encontramos graça. No geral, a culpa e a vergonha em seu melhor estado deveriam nos mover *em direção* a Deus e aos outros. A graça e o amor de Deus dados em Cristo fornecem uma alternativa à autoaversão, à transferência de culpa e à ocultação de qualquer tipo. Um diagnóstico muito útil para a culpa e a vergonha é continuar se perguntando: *Isso está me movendo para longe de Deus e dos outros ou em direção a eles?*

Avaliando a culpa e a vergonha

Culpa e vergonha podem ser muito confusas. Será que minha culpa significa que eu realmente fiz algo errado? Tenho algo de que me arrepender ou simplesmente adotei a decepção de outra pessoa? Minha vergonha significa que preciso enfrentar o que *eu fiz*, ou o que foi feito *a mim*, ou *ambos*? Pior ainda, a culpa e a vergonha podem parecer uma acusação de *quem eu sou* — como se eu fosse mercadoria danificada, suja, sem valor, como o filho pródigo que vive em um chiqueiro.

A fim de encontrar o caminho para fora desse nevoeiro, precisamos de uma luz, um farol de esperança e coragem para nos movermos para frente. Essa luz é o amor de Deus e a graça que nos foram dados em Jesus. A graça de Deus é muito mais do que uma oferta de remover a culpa; ela é o poder de restaurar nossa identidade e fornecer um caminho para casa, para a verdadeira intimidade e comunhão com Deus.

Agindo em resposta à culpa e à vergonha

Precisamos de que para responder à culpa e à vergonha?

Mais do que perdão. Certa vez, o carro da minha esposa (de Winston) teve a lateral raspada enquanto estava estacionado na rua em frente ao seu escritório. Felizmente, a parte responsável deixou uma nota no para-brisas pedindo mil desculpas, oferecendo-se para pagar pelo conserto e fornecendo todas as informações de contato dela. Após alguns telefonemas e uma ida à oficina mecânica, o carro foi reparado e um cheque da infratora chegou pelo correio.

Tudo foi perdoado. Minha esposa nunca chegou a conhecer a outra pessoa e nunca teve mais de uma conversa por telefone com ela, e isso não foi um problema. Nem minha esposa nem a outra pessoa estavam procurando uma nova amiga; as duas *só precisavam resolver um problema. A culpa foi reconhecida, os danos* foram reparados, e cada uma seguiu com a sua vida.

Mas não é assim que funciona com Deus.

Ele não quer apenas remover nossa culpa; ele quer um relacionamento íntimo conosco. Ele não está apenas tentando consertar um amassado causado por nós na reputação dele.

282 | ORGANIZE *suas* EMOÇÕES

Seu propósito é mais profundo do que isso. Ele quer curar a nossa identidade, identificando-se conosco, tornando-se um conosco. Restauração com Deus significa sermos restaurados à nossa condição de seus filhos amados.

A graça extravagante de Deus. A graça é um favor imerecido, dado gratuitamente. Embora isso seja muitas vezes fácil de entender, é difícil de praticar, em parte porque muitos de nós ainda não vimos isso exemplificado muito bem. Para alguns, encontrar o perdão e a restauração pareceu mais como rastejar e ser colocado em liberdade condicional, se é que eles alguma vez encontraram o perdão. Portanto, devemos olhar além dos esforços fracassados de outros e confiar no que Deus nos revelou através de seu Filho, Jesus Cristo.

Comece meditando em alguns incríveis ensinamentos de Jesus sobre perdão e graça. Observe quantas vezes ele ensina expressões extravagantes, até mesmo arriscadas, de perdão e graça. Passe mais tempo onde este capítulo começou, em Lucas 15. Ali, os fariseus e os mestres da lei murmuram sobre Jesus se misturar com os culpados e envergonhados. Jesus diz a seus críticos que Deus é como o pastor que deixa as noventa e nove ovelhas para encontrar aquela que se desviou. E o que ele faz quando encontra a ovelha errante? Ele está irado e punitivo? Não. Ele a coloca em seus ombros, a leva para casa e pede a seus amigos e vizinhos que se regozijem com ele. "Já achei a minha ovelha perdida!", ele exclama (Lc 15.1-7).

Ainda em Lucas 15, uma mulher que possui dez moedas de prata perde uma delas. O que ela faz? Chega à conclusão de que uma perda de 10 por cento não é tão ruim? Não! Ela acende uma lâmpada, varre e a procura, até que encontra a moeda perdida, e quando a encontra, pede que todos os seus amigos celebrem com ela. Jesus conclui: "Eu vos afirmo que, de igual modo, há júbilo diante dos anjos de Deus por um pecador que se arrepende" (Lc 15.10).

Esse é o amor extravagante que Jesus mostrou na cruz. Ao insistir no amor e no perdão em meio a um julgamento extremo, ele derrotou Satanás (cujo nome vem do hebraico *satan*, que significa "acusador" — Jó 1-2; Zc 3.1). Jesus foi levantado, o amor foi firmado, a retribuição e a vingança foram condenadas e o perdão foi proclamado livremente. Somos livres para praticar o perdão e a misericórdia, em vez de praticar a vingança e o rastejamento, por causa da vitória de Cristo. Em uma missão de amor de seu Pai, Jesus nos recuperou da posse do Acusador e nos fez seus filhos. Não estamos mais imundos, inferiores ao que ele nos criou para ser. Nós somos dele.

Uma nova identidade. Dissemos que precisamos mais do que perdão: precisamos de uma nova associação, uma nova identidade. Deus não apenas nos perdoa, ele nos faz novos. Por meio de Cristo, somos uma "nova criatura" no íntimo do nosso ser (2Co 5.17). Quando somos vencidos pela culpa e pela vergonha, precisamos de ajuda para nos lembrar de nossa identidade como filhos de Deus. Como cristão, quando eu peco, estou agindo contra a minha identidade. O pecado não está no centro de quem eu sou. Em Cristo, cada um de nós é um *filho de Deus*! Precisamos saber que somos mais do que perdoados. Em Jesus, temos uma nova associação, uma nova identidade. Jesus vence a vergonha dizendo: "Você pertence a mim".

284 | ORGANIZE suas EMOÇÕES

Não andar sozinho. Com a esperança de que Deus graciosamente nos conecta a si mesmo, honrando-nos, perdoando-nos, restaurando o relacionamento conosco e reivindicando-nos total e eternamente como sendo dele, há um passo de ação extremamente importante que podemos dar como resposta em fé: falar de sua culpa e de sua vergonha com alguém em quem você confia. Não escute a voz interior que lhe diz para se esconder. Confessar sua culpa e compartilhar sua vergonha com um irmão ou irmã em Cristo têm um enorme poder para libertar e curar seu coração. Tanto a culpa quanto a vergonha foram feitas para nos levar a entrar mais plenamente na luz, a nos apegarmos mais a Cristo e nos associarmos em palavra, ação e identidade com aquele que nos abraçou. Mas, assim como a culpa a vergonha levam ao crescimento quando expostas à luz, tanto a culpa quanto a vergonha tendem a apodrecer no escuro.

E se a pessoa a quem você contar sua história lidar mal e condenar ou envergonhar você mais ainda? Esse é um medo apropriado. Ainda assim, há dois motivos muito bons para encontrar alguém com quem conversar. Primeiro: em muitos casos, a excruciante vulnerabilidade de compartilhar nossa culpa e nossa vergonha nos faz ter a tendência de exagerar quão mal os outros podem lidar com a nossa abertura. Segundo, e mais importante: no fim das contas, a escolha de compartilhar e de se tornar vulnerável à outra pessoa não está baseada na garantia de que expor sua culpa ou sua vergonha levará à cura ou até mesmo a que a pessoa compreenda você. Em vez disso, a escolha deve estar baseada em uma confiança de que Deus nos fez para precisarmos das outras pessoas e que, não importa como a outra pessoa receba nossas palavras, Deus será fiel em trabalhar em nós, mesmo na dor de sermos malcompreendidos ou de sofrermos o mal dos outros. Colocado de forma mais simples, falar sobre a culpa e a vergonha é um ato de confiança em Deus e de aceitar a necessidade que fomos feitos para ter de outras pessoas; e tudo o que for feito em fé e obediência trará benefício à nossa alma, não importa o que os outros façam em resposta.

SEMPRE HÁ UM CAMINHO PARA CASA

Às vezes, a culpa e a vergonha nos tentam a fugir dos relacionamentos, a encobrir e a esconder. Como o filho pródigo, nós nos encontramos vivendo longe das coisas que realmente amamos e nos perguntamos se existe um caminho de volta ao lar. Em Cristo, sempre há um caminho para casa. O amor e a graça de Jesus nos dão a liberdade e o poder de enfrentarmos a culpa e a vergonha, sejam elas resultantes de erros que cometemos ou de como outros erraram contra nós. Deus resolve a culpa e a vergonha transferindo seu fardo para a obra de Cristo, que leva o mal a sério, leva a misericórdia igualmente a sério e lida com ambos no contexto do lar que ele está construindo para nós em amor. "Mas Cristo é fiel como Filho sobre a casa de Deus; e essa casa somos nós" (Hb 3.6; NVI).

PERGUNTAS PARA REFLEXÃO

Ao encarar seus próprios sentimentos de culpa e vergonha:
1. Leia todo o capítulo 15 de Lucas. Escolha uma das parábolas de Jesus sobre sofrimento e use-a como base para oração e meditação por uma semana. Considere-se a ovelha perdida,

286 | ORGANIZE *suas* EMOÇÕES

a dracma perdida ou o filho pródigo. Comprometa-se a compartilhar com uma outra pessoa as coisas que você aprender.

2. Você pode pensar em maneiras como o seu entendimento do certo e do errado mudou ao longo do tempo? Há coisas que você costumava ver como erradas e se sentir culpado, mas que hoje você as vê de forma diferente? O que mudou? Como isso se relaciona com o resumo da lei de Jesus, de amar a Deus e ao próximo?

3. Pense em uma coisa pela qual você sente vergonha, embora não se sinta sobrecarregado por essa vergonha. Compartilhe essa experiência em oração com o Senhor, pedindo sua purificação e cura. Se você for capaz, termine sua oração dizendo: "Obrigado por me amar e fazer de mim seu filho amado".

Ao ajudar outros com culpa e vergonha:

1. As pessoas que sentem vergonha não costumam dizer que sentem vergonha. Em vez disso, elas podem simplesmente evitar que os outros as conheçam. Sem fazer quaisquer suposições sobre elas, observe algumas pessoas em sua vida que parecem isoladas ou retraídas. Simplesmente faça um esforço para chegar até elas e lentamente construir relacionamentos.

2. Ao ouvir pessoas que você conhece expressando emoções fortes, especialmente medo ou ira, considere que elas podem estar experimentando vergonha. O que pode fazê-las sentir essa emoção? Pense em algumas maneiras simples de fazê-las saber que você se identifica com elas, e que elas se sintam incluídas.

17
Um museu de lágrimas

Nós gastamos muito tempo falando sobre as emoções negativas: tristeza, ira, medo e assim por diante. Fizemos isso porque a ponta sombria do espectro emocional nos dá o trabalho maior. Geralmente, a maioria de nós não enxerga o valor dessas emoções negativas; portanto, nós as suprimimos ou nos rendemos a elas, ao invés de trazê-las ao Senhor e de lidar bem com elas.

Mas aprender a valorizar e a lidar com os nossos sentimentos sombrios não é o fim da história. Um dia, nossas emoções negativas não mais serão necessárias. "E exultarei por causa de Jerusalém e me alegrarei no meu povo", diz o profeta Isaías a respeito do dia em que Deus fará novas todas as coisas, "e nunca mais se ouvirá nela nem voz de choro nem de clamor" (Is 65.19).

288 | ORGANIZE *suas* EMOÇÕES

Por que as lágrimas e a angústia saem de cena?

Porque elas não serão mais necessárias.

Isaías continua listando os motivos pelos quais a vinda final de Deus fará obsoletas todas as lágrimas. Nossos filhos amados não mais estarão em perigo (65.20). Todos viverão uma vida de plenitude todos os dias (o que aprendemos no Novo Testamento a respeito do que significa a vida eterna, e não simplesmente morrer ao final de uma idade avançada! — 65.20). Haverá perfeita bênção em nosso trabalho e em nosso lazer (65.21-22). Nada ameaçará a nossa paz ou a nossa felicidade (65.21). Famílias estarão juntas para sempre sem rebeldia, separação ou tragédia (65.23). Deus estará intimamente em contato conosco e nunca distante (65.24). O perigo, a morte, a dor, o dano e o mal desaparecerão para sempre (65.25).

Em suma, não é que seremos incapazes de derramar lágrimas no céu. É que o céu será um lugar onde simplesmente não haverá jamais um motivo para derramar uma lágrima de pesar.

Isso significa que o objetivo principal da nossa vida emocional é esquecer todas as nossas emoções negativas?

Não exatamente.

A ideia de que, no céu, nós nos esqueceremos de todas as coisas ruins feitas contra nós (ou por nós) é plausível e confortadora em certo nível. Mas, embora existam alguns versículos (e.g., Is 65.17) que parecem sugerir que esquecer nosso sofrimento terreno é precisamente o que acontecerá, a ênfase da Escritura está no outro lado. De fato, nós nos lembraremos da nossa vida e das nossas provações aqui na terra.

Um museu de lágrimas | 289

E isso será belo para nós.

Como isso é possível? O motivo pelo qual seremos capazes de nos lembrar da nossa dor sem revivê-la ou sem que isso envenene nossa alegria celeste é porque o próprio Deus escolheu não esquecer ou apagar a realidade da dor, mas, em vez disso, ele a leva em seu coração. Ele, de fato, enxugará toda lágrima quando retornar (Ap 21.4), mas, ao mesmo tempo, ele promete guardar nossas lágrimas em um odre, por causa do seu amor e sua compaixão por você (Sl 56.8). De alguma forma, o céu será um lugar onde as nossas tristezas serão total e completamente consoladas, além de profunda e eternamente lembradas.

Nós nomeamos este capítulo como "Um museu de lágrimas" com essa exata tensão em mente. O fim da história é o consolo realmente radical e completo. Não mais lágrimas. Cada dor terrena é uma leve e momentânea aflição, comparada à glória do céu (2 Co 4.17). Ainda assim, todas as provações pelas quais passamos e os pecados que temos cometido são exatamente as coisas que agora fazem nossas almas terem fome e sede da redenção e da restauração de Deus para todas as coisas. Nossas lágrimas aguçam nosso apetite pelo céu.

Em última análise, porém, *nossas* lágrimas empalidecem em comparação com as lágrimas de Deus. A coisa verdadeira e que nos deixa de queixo caído é a seguinte: a dor de Jesus em seu tempo na terra o marcou. A Bíblia nos diz que Cristo será *eternamente* o Cordeiro que foi morto. As cicatrizes dos pregos que o prenderam à cruz estão nos pulsos dele agora, neste momento, enquanto você lê estas palavras. E elas sempre estarão lá.

Você consegue captar que nosso Deus não apenas assumiu a carne, mas também as cicatrizes para sempre? Como podemos fazer qualquer coisa que não seja adorá-lo diante de tal amor?

Sejamos claros. Isso não quer dizer que Deus está sofrendo no céu ou que ele, de alguma forma, se diminuiu e manchou sua glória ou mesmo sua alegria. O exato oposto é verdadeiro! As cicatrizes dele são exatamente o emblema da sua bondade mais profunda, mais chocante e mais impressionante. As cicatrizes dele são *intrínsecas à glória dele.*

Isso significa que as suas cicatrizes e lágrimas de dor desta vida, enquanto você confia e espera pela redenção nele, também serão gloriosas.

Assim, embora nossos sofrimentos serão dissipados de tal forma que não podemos imaginar agora, isso não se dará ignorando-os ou empurrando-os de lado. Em vez disso, adoraremos com uma alegria da qual as maiores emoções agora são apenas um vislumbre fugaz, precisamente porque nossas tristezas, nossos medos, fracassos miseráveis e nossas vergonhas foram maravilhosamente redimidos. De fato, ser "o redimido" é, por definição, ser aquele que conhece a perda e a dor de uma forma que impulsiona o amor e a admiração por nosso Salvador que nos libertou.

De alguma forma, o céu será totalmente sem tristeza e ainda cheio da lembrança de velhos sofrimentos tão consolados que poderemos chorar com a pungência da alegria. De alguma forma, o reino virá tão completo que até mesmo o maior quebrantamento que agora encontramos em nosso corpo e em nossa alma se tornará uma fonte de louvor. De alguma forma, a culpa de ver plenamente o impacto destrutivo de nosso pecado nos levará ao êxtase e ao alívio do perdão.

De algum modo, de alguma forma, a profundidade daquilo que nunca sondaremos nesta vida, *cada* emoção, um dia se resolverá em alegria.

Nesse meio tempo, estamos certos em nos deleitar com o consolo, as bênçãos, as alegrias e os sorrisos que Deus nos concede. No entanto, também temos razão em colapsarmos no chão e soluçarmos inconsolavelmente, em suportar no coração o peso dos perigos daqueles que amamos, e em colocar olhos esbugalhados e dentes cerrados contra os males que nos assolam. No presente, às vezes rimos tanto que choramos. Um dia, todo nosso choro dará lugar ao riso.

Enquanto isso, também estamos certos em esperar. Esperamos em um Deus que escolheu ter emoções para conosco porque isso é um resultado inescapável de sua escolha de nos amar. E ele tem nos amado. Um Deus que nos amou primeiro é um Deus a quem nós podemos amar. Um Deus que escolheu ser marcado é um Deus em quem podemos confiar quando somos marcados. Um Deus que escolheu suportar cicatrizes é um Deus em quem podemos confiar com nossas feridas, sabendo que todas as alegrias agora são um mero antegozo, e todas as lágrimas agora são um precioso prelúdio para completar o consolo.

292 | ORGANIZE *suas* EMOÇÕES

Há um tempo para rir e um tempo para chorar, mas mesmo aqueles que choram podem descansar, lembrando que bem-aventurados são aqueles que choram, pois serão consolados. Cada lágrima será enxugada, cada uma terminando seus dias como um tesouro na casa dele, cujo sorriso nos convidará a compartilhar da sua alegria para sempre.

APÊNDICE

Será que Deus realmente sente?

A doutrina da impassibilidade

DEUS TEM EMOÇÕES?

Sim, Deus tem emoções.

Esmiuçar essa verdade, no entanto, pode ser complicado. A discussão toca em um ponto importante da teologia: a impassibilidade de Deus. Se você está familiarizado com essa doutrina, sabe que a teologia pode ficar técnica e difícil de ser seguida muito rapidamente. E, complicando as coisas, nem todos os teólogos concordam. Para aqueles de vocês que são novos no assunto, a impassibilidade é a doutrina de que Deus não é capaz de sofrer ou de ser mudado por paixões involuntárias.

A preocupação básica aqui é uma preocupação importante — a Bíblia é clara: Deus não é dependente de sua criação de

294 | ORGANIZE *suas* EMOÇÕES

forma alguma (i.e., ele é verdadeiramente transcendente) e, portanto, não pode estar à sua mercê, ser involuntariamente afetado por ela, cambaleando em reação ao que ela fez e, portanto, ser, em algum nível, controlado por ela. Em outras palavras, o que ele criou não pode afligi-lo com sofrimento nem *fazê-lo* sentir nada.

Logo de cara, você pode pensar que na verdade parece que Deus *não* tem emoções. Se Deus não é afetado por sua criação, então — bem — ele não pode sentir nada de bom ou de ruim sobre isso. Mas não é nessa direção que a doutrina da impassibilidade está indo. A questão não é realmente se Deus *tem* ou não emoções, mas como elas são. Será que Deus vivencia as emoções da maneira como nós as vivenciamos? Alguns teólogos argumentam que *sim* e que isso é básico para sua capacidade de ter empatia por nós. Outros teólogos argumentam que ele *não* experimenta emoções como nós as experimentamos. Se ele o fizesse, suas emoções o tornariam tão inconstante quanto nós, e não poderíamos mais considerá-lo confiavelmente estável (i.e., imutável).

ISSO REALMENTE IMPORTA?

Essa temática pode parecer um pouco abstrata e filosófica demais, e você pode estar se perguntando: será que a impassibilidade realmente importa? Sim. Realmente importa que Deus tenha emoções e que elas sejam diferentes das nossas de formas importantes.

Deus realmente nos entende e se importa conosco

Para a maioria de nós, é muito importante que Deus tenha emoções por razões muito pessoais. O que está em jogo é

Será que Deus realmente sente? | 295

se Deus realmente entende ou não, ou se ele se importa ou não com nossas experiências, especialmente com o nosso sofrimento. Dizer que Deus é impassível parece sugerir que talvez ele não entenda nem se importe. Já que ele não pode sofrer, como, então, poderia entender? E se ele não entende, como poderia se importar? Queremos saber que Deus se relaciona conosco emocionalmente sem ter os problemas que nossas emoções criam para nós.

Portanto, sejamos claros: Deus *de fato* entende e *de fato* se importa.

Esperamos ter deixado claro desde o início que Jesus proporciona a mais clara compreensão tanto de nossas emoções quanto das de Deus. Em particular, o papel de Jesus como Sumo Sacerdote demonstra o compromisso de Deus em se relacionar conosco emocionalmente. Já referenciamos Hebreus 4 várias vezes, mas vale a pena revisitar essa passagem:

> Porque não temos sumo sacerdote que não possa compadecer-se das nossas fraquezas; antes, foi ele tentado em todas as coisas, à nossa semelhança, mas sem pecado. Acheguemo-nos, portanto, confiadamente, junto ao trono da graça, a fim de recebermos misericórdia e acharmos graça para socorro em ocasião oportuna. (Hb 4.15-16)

A empatia de Deus está enraizada na obra de Cristo. Jesus é a nossa fundação para entendermos como Deus se relaciona conosco emocionalmente.

296 | ORGANIZE *suas* EMOÇÕES

Deus se importa tanto em nos compreender que Deus Filho *se colocou em nosso lugar*, assumindo uma natureza humana. A carne e os ossos de Jesus são a prova de que Deus estabeleceu uma profunda conexão com a nossa experiência emocional e de que ele quer que nós saibamos disso. Na verdade, ele demonstra sua solidariedade conosco, em particular, através do *sofrimento* de Jesus. As provações e tentações de Cristo validam o vínculo que ele tem conosco como nosso Sacerdote, aquele que pode verdadeiramente nos representar diante de Deus em nossa miséria. Jesus realmente sofreu como um ser humano de carne e osso. Ele realmente entende, então quando ele nos diz que se importa, nós podemos saber que ele está falando sério. E porque ele realmente entende e experimentou o sofrimento sem pecado, Deus Filho pode fielmente comunicar essa experiência ao seu Pai.

As emoções de Deus são diferentes

No entanto, a impassibilidade também é importante por outras razões. Alguns atributos importantes de Deus estão em jogo. Em particular, qualquer semelhança entre as emoções de Deus e as nossas não deve minar o caráter imutável do Senhor (a imutabilidade), que está subjacente à sua fidelidade e capacidade de nos salvar.

Então, em que sentido Deus *tem* emoções? Tradicionalmente, os teólogos têm feito uma distinção entre paixões e afeições. Historicamente, as *paixões* descreveram o aspecto mais físico das emoções, o que, conforme explicamos anteriormente, significa que, em certa medida, nossos corpos estão sempre moldando nossas emoções. Mas não queremos dizer isso sobre

Será que Deus realmente sente? | 297

Deus, porque ele não tem um corpo e não fica rabugento quando seu nível de açúcar no sangue cai. Os pais da igreja usaram o termo *paixões* para descrever o que Deus *não tem*, a fim de se defenderem contra heresias que ensinavam que o Pai sofreu na cruz[1] ou que Deus comprometeu sua natureza divina[2] a fim de realizar a salvação. Nesse sentido, devemos negar que Deus tem paixões. Ele é impassível, o que significa que a criação ou suas criaturas não podem intimidá-lo emocionalmente.

Ao mesmo tempo, isso não significa que Deus não tenha afeições, o que hoje podemos chamar de "sentimentos". Tradicionalmente, a palavra *afeições* tem descrito uma emoção enraizada em um valor moral. O pastor e o teólogo Kevin DeYoung explica:

> Se estamos equacionando emoções com o antigo sentido das paixões, então Deus não tem emoções. Mas se estamos falando de afeições, ele tem. As emoções de Deus são afeições cognitivas envolvendo sua construção de uma situação. A maior parte do que chamamos emoção em Deus é sua avaliação do que está acontecendo com sua criação.[3]

---

1 O patripassianismo é um erro de modalismo. Trata-se da crença de que o Pai, o Filho e o Espírito são simplesmente três "modos" de um único ser, em vez de pessoas distintas, e, assim, Deus Pai teria, de fato, sofrido na cruz.

2 Monofisismo é a heresia de que Cristo tem apenas uma natureza ao invés de duas, humana e divina. O monofisismo deixaria implícito que Jesus sofreu em sua natureza divina, fazendo com que o divino se subordinasse à criação.

3 Kevin DeYoung, *"'Tis Mystery All, the Immortal Dies: Why the Gospel of Christ's Suffering Is More Glorious because God Does Not Suffer"* (editado e transcrito de uma apresentação na Conferência do T4G de 2010), 11, https://www.google.com/search?ei=1fl5W8jTNdGO5wL FiqLwBg&q=T4G-2010-KDY-v_2.pdf. Acesso em: 06 dez. 2021. DeYoung fornece uma discussão mais técnica, porém muito acessível sobre a impassibiliade.

298 | ORGANIZE *suas* EMOÇÕES

DeYoung continua para capturar a beleza central da impassibilidade de Deus, dizendo que Deus "é amor ao máximo a cada momento". Ele não pode mudar porque não pode ser nem um pouco mais amoroso, justo ou bom. Deus cuida de nós, mas não é um cuidado sujeito a espasmos ou flutuações de intensidade.[4] Assim, embora possa parecer a princípio que a doutrina da impassibilidade de Deus nos deixará com uma divindade fria, distante e desconectada, ao invés disso, o exato oposto é verdadeiro: o fato glorioso de que Deus não pode e não irá mudar significa que podemos confiar completamente em seu coração que irrompe com amor, compaixão, piedade, ternura, e ira diante da injustiça; podemos nos deleitar com suas obras, sabendo que ele sempre as fará com esses atributos sem se cansar. A impassibilidade de Deus é, na verdade, a esperança fundamental de nossa capacidade de conhecer e confiar em suas emoções.

Isaías 49.15 diz:

> Acaso, pode uma mulher esquecer-se do filho que ainda mama,
> de sorte que não se compadeça do filho do seu ventre?
> Mas ainda que esta viesse a se esquecer dele,
> eu, todavia, não me esquecerei de ti.

Rob Lister aplica essa passagem à vida emocional de Deus:

> Quando argumentamos que Deus é impassível no sentido de ser insusceptível à manipulação emocional involuntária, queremos dizer que ele é impassível não

---

4 DeYoung, "'Tis Mystery All," 9.

porque ele é afetivamente fraco, mas porque é afetivamente forte e pleno. Deus é mais apaixonado do que nós
sobre as coisas que mais importam.[5]

Em outras palavras, Deus não tem paixões, na medida em
que ele não é tapeado pela criação. Deus não tem dias "bons"
e dias "ruins". Os primeiros pais não estavam argumentando
que Deus é *desapaixonado*, mas sim falando de uma maneira
filosoficamente crível sobre como Deus é *diferente* das criaturas. No entanto, essas formulações impassíveis não deveriam
nos obrigar a dizer que Deus não é, de forma alguma, como
nós emocionalmente. Nós somos *passíveis* e Deus é *impassível*.
Deus não é como nós de algumas maneiras importantes, e ele
é como nós de maneiras importantes. Deus é energeticamente
entusiasmado e emocionalmente investido na criação por sua
própria escolha livre e consistente, mas a vida emocional de
Deus não compromete seu caráter nem muda sua essência.

O mistério da fé

Toda doutrina cristã é, em algum momento, uma expressão de mistério. Deus não é apenas uma versão diferente de nós;
ele é *distinto de nós* como o Criador. Quer você esteja falando da
doutrina da Trindade, da encarnação ou do problema do mal,
tudo terá um mistério em sua base. O objetivo deste apêndice
não é dizer tudo o que pode ser dito, mas apenas apontar que,
para podermos conhecer Deus *como Deus*, precisamos admitir

---

5 Rob Lister, *God Is Impassible and Impassioned: Toward a Theology of Divine Emo-
tion* (Wheaton, IL: Crossway, 2013), 215.

300 | ORGANIZE *suas* EMOÇÕES

que estamos conhecendo alguém que transcende nossa completa compreensão. Enquanto afirmamos que o que *pode* ser dito sobre Deus pode ser dito de forma verdadeira e precisa na medida em que Deus se revelou a nós, devemos traçar a linha do mistério onde Deus deixa de falar.[6]

UMA ESPERANÇA SIMPLES E CERTA

Voltemos ao assunto em questão para a maioria dos leitores deste livro: quando você está sofrendo, será que Deus se importa? É claro que Deus se importa se você está sofrendo. Ele não apenas se importa; *ele se importa que você saiba que ele entende.* Por Jesus ser o nosso Sumo Sacerdote, ele, em sua natureza humana, compreende o sofrimento de forma essencial e física. Por causa da pureza de Jesus e de sua paixão humana, Deus é singularmente qualificado para ter empatia por você em Cristo.

A fim de manter uma visão equilibrada da vida emocional de Deus, sempre retorne à Trindade como a imagem da vida emocional divina. O Pai se compadece de você e envia Cristo para assumir um papel ativo em sua vida. O Filho se compadece de você diretamente por meio de sua natureza humana. E o Espírito Santo se compadece iminentemente por meio de sua habitação em você (Rm 8.26).

---

6 A incompreensibilidade é a doutrina de que Deus não pode ser conhecido exaustivamente (veja, e.g., Dt 29.29).

O Ministério Fiel visa apoiar a igreja de Deus, fornecendo conteúdo fiel às Escrituras através de conferências, cursos teológicos, literatura, ministério Adote um Pastor e conteúdo online gratuito.

Disponibilizamos em nosso site centenas de recursos, como vídeos de pregações e conferências, artigos, e-books, audiolivros, blog e muito mais. Lá também é possível assinar nosso informativo e se tornar parte da comunidade Fiel, recebendo acesso a esses e outros materiais, além de promoções exclusivas.

Visite nosso site
www.ministeriofiel.com.br

Impressão e Acabamento | Gráfica Viena
Todo papel desta obra possui certificação FSC® do fabricante.
Produzido conforme melhores práticas de gestão ambiental (ISO 14001)
www.graficaviena.com.br